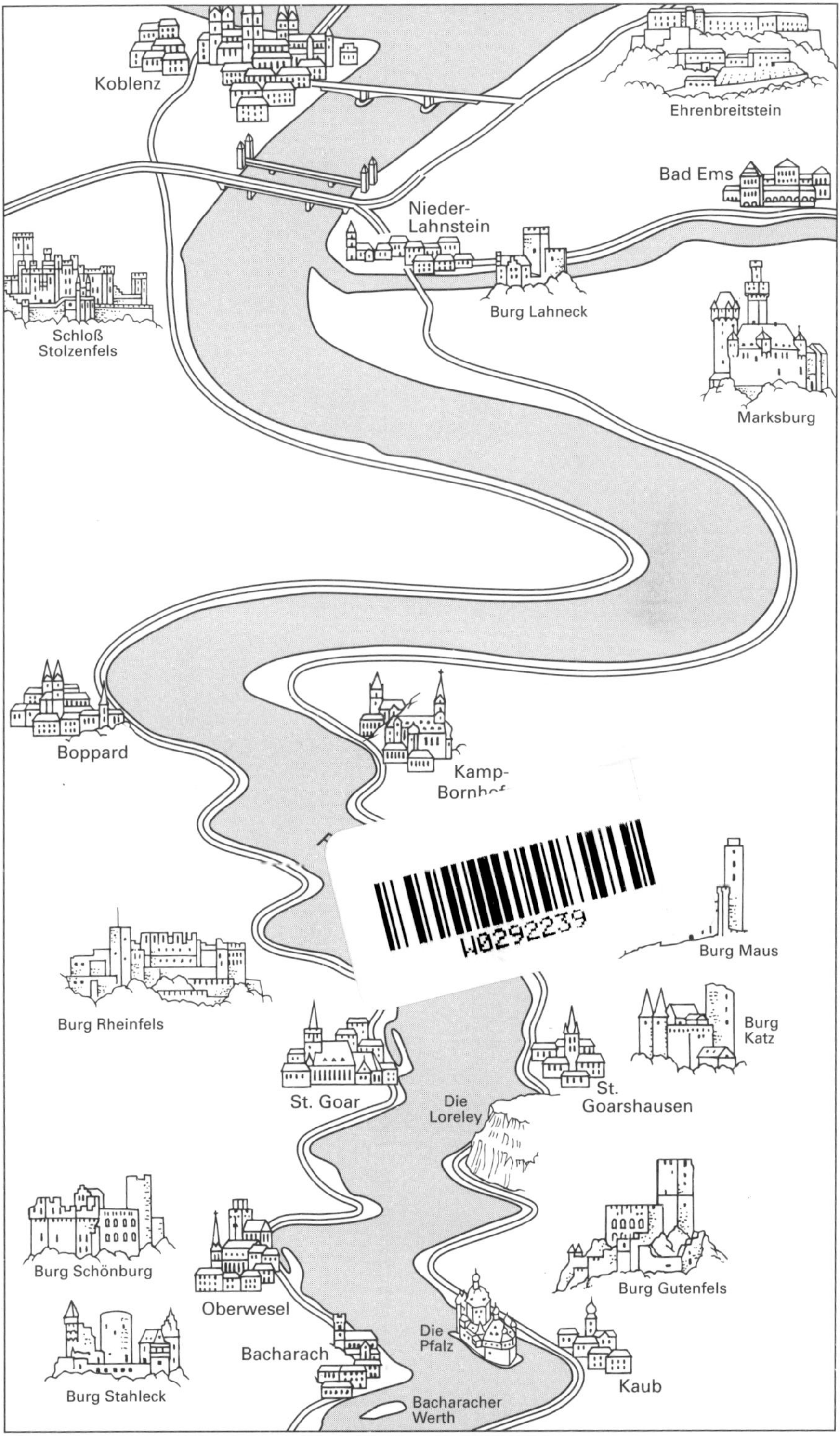
Koblenz
Ehrenbreitstein
Bad Ems
Nieder-
Lahnstein
Schloß
Stolzenfels
Burg Lahneck
Marksburg
Boppard
Kamp-
Burg Maus
Burg Rheinfels
Burg
Katz
St. Goar
Die
Loreley
St.
Goarshausen
Burg Schönburg
Burg Gutenfels
Oberwesel
Die
Pfalz
Bacharach
Kaub
Burg Stahleck
Bacharacher
Werth
W0292239

→ Kristine von Soden

Der Rhein

Eine literarische Reise von
Mainz bis Köln

Klett-Cotta

Für Max und Carolin

Inhalt

Wenzel Hollar 11
Aus den Reisebildern des Prager Exilanten
und Merianschülers 1636

Johann Georg Forster 19
Ansichten eines Republikaners 1790

Rheinreisende Engländer 25
Die Entdeckung der Romantik
Anfang des 19. Jahrhunderts

Von Flößen, Dampfern und Luxuslinern 35
Auf dem Rhein

Vater Rhein liebstes Kind 41
Der Lachs kehrt endlich zurück

Gepflegter Müßiggang 49
In Wiesbaden

Wo der Rhein seinen Seitensprung macht 61
Auf dem Leinpfad nach Eltville

Auf der Suche nach der Stille 69
Kloster Eberbach

König, Dame oder Edelstein? 79
Rheingauer Riesling

Salonkultur und Goethewein 85
Zu Gast bei den Brentanos

Rheingauer Schlösserpracht 99
Vollrads und Johannisberg

Rubinroter Wein, Burgen und Adelshöfe 105
Von Assmannshausen nach Rüdesheim

Was soll das bedeuten? 117
Auf der Loreley

Mythos Drachenfels 125
Königswinter

Eine Alltagsfrau 131
Mainz

Wo der Rhein Kehre für Kehre sein Antlitz ändert . . . 143
Von Bingen bis St. Goar

Römisches Straßennetz 159
Boppard

Am Deutschen Eck 165
Koblenz

Links und rechts der Ahr 177
Von Andernach bis Rolandseck

Die ehemalige »vorläufige« Hauptstadt 183
Berichte aus Bonn

Provinziell und international 191
Köln

Dank 208
Literaturverzeichnis und Quellennachweis 209

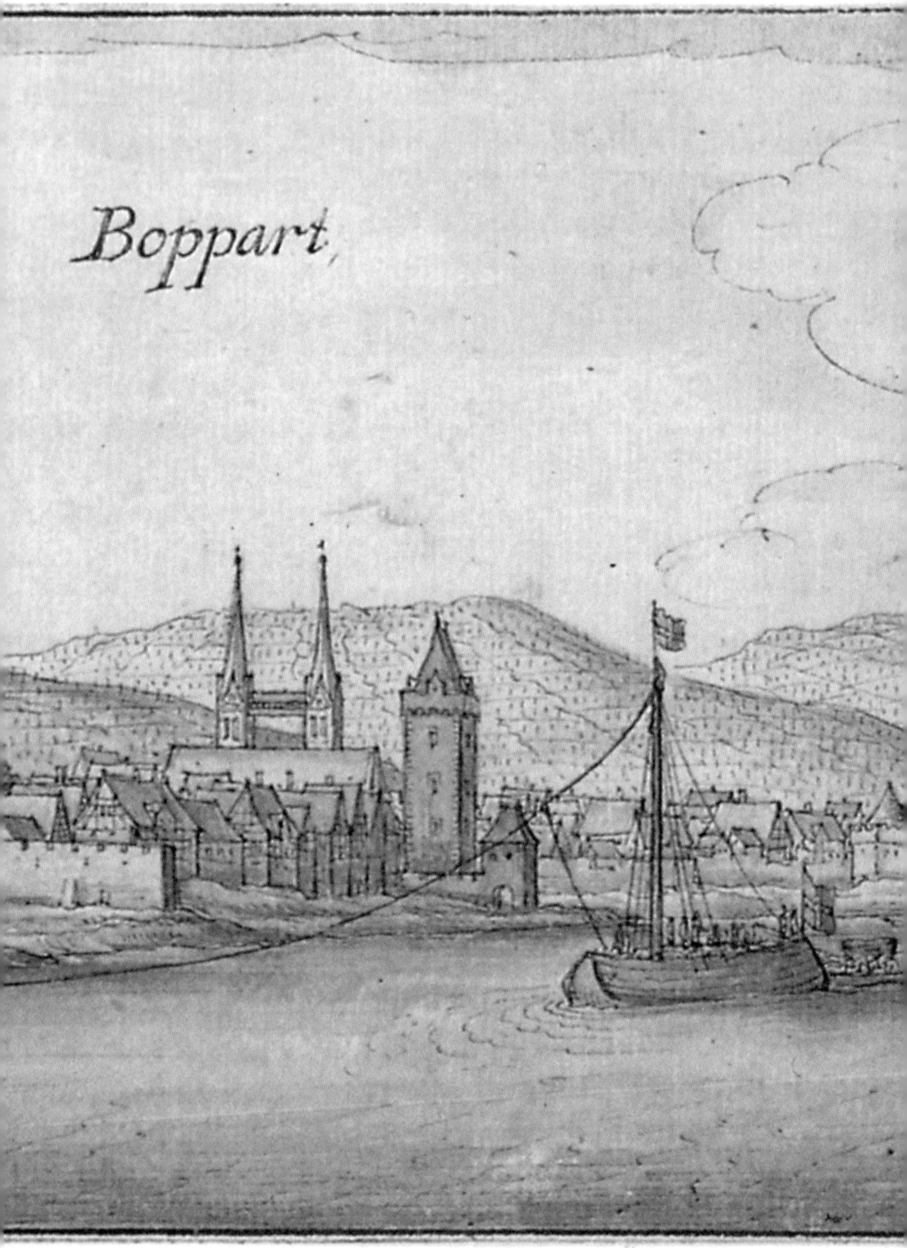
Boppart,

→ Wenzel Hollar

AUS DEN REISEBILDERN DES PRAGER EXILANTEN UND MERIANSCHÜLERS 1636

Seine Zeichnungen gravieren sich auf den ersten Blick in die Erinnerung ein: mit ihren schmalen, extremen Querformaten, dem stets niedrigen Horizont, weiten Lichtperspektiven und Wasserspiegelungen auf dem »Rhenus fluvius«; mit ihren Burgen und Stadtsilhouetten, deren feine, präzise Darstellungen fundierte Sachkenntnis der rheinischen Baukunst und Architektur erkennen lassen. Wenzel Hollar, Emigrant und Schüler des Schweizer Kupferstechers Matthäus Merian d. Ä. (Hollar-Forscher vermuten, daß sich Wenzel Hollar an der Jahreswende 1629/30 in Merians Frankfurter Werkstatt aufgehalten hat), schuf Ansichten vom Rhein zwischen Mainz und Köln, die in der kunsthistorischen Welt als herausragende Zeitdokumente gelten – fast wirken sie wie kolorierte Fotografien. Das Landesmuseum Mainz zeigte 1986 in einer Ausstellung jene kostbaren »Reisebilder«, die in der Öffentlichkeit bis dahin kaum zugänglich waren. Glücklich kann sich schätzen, wer damals den exzellenten Katalog erwarb oder diesen heute irgendwo auftreibt (wie wir auf einem sommerlichen Flohmarkt in Flörsheim am Main). Denn darin ist auch das Reisetagebuch des englischen Schriftstellers William Crowne enthalten, welches Wenzel Hollar illustriert hat. Doch alles der Reihe nach:

Am 13. Juli 1607 wurde Wenzel Hollar in der Prager Neustadt geboren. Sein Vater Jan Hollar (Kaiser Rudolf II. hatte ihn im

← Ein immer wiederkehrendes Motiv auf Wenzel Hollars Zeichnungen: sein Segelschiff, der »Oberländer«, auf der Rheinfahrt 1636

Jahre 1600 mit dem Prädikat »von Prachna« in den Adelsstand erhoben) war Kämmerer, später Depositor und Registrator bei der böhmischen Landtafel. Seine Mutter Margarete, geborene Löw von Löwengrün und Bareyt, entstammte einem oberpfälzischen Rittergeschlecht. Die Hollar-Biographin Gabriela Kesnerová schreibt, daß sich schon der Schuljunge Wenzel für Miniaturmalerei begeisterte, ebenso für das »Illuminieren«, und daß er sich gern damit beschäftigte, selbst Landkarten anzufertigen. Gewiß kannte er die berühmte Gemäldegalerie Rudolfs II. mit den Werken Albrecht Dürers, Lukas van Leydens, Jan und Pieter Breughels, Paul Brills und Adam Elsheimers. Und auch die Miniaturen und Veduten von Joris und Jacob Hoefnagel wirkten auf ihn, ebenso die Landschaften von Pieter Stevens und Roelant Savery. Und sicherlich ließ er sich auch von Aegidius Sadeler, dem führenden rudolfinischen Kupferstecher, inspirieren. Ob er ihm vielleicht sogar über die Schulter geschaut hat, um zu lernen, wie man Stichel und Radiernadel führt? 1627, inmitten der Wirren des Dreißigjährigen Krieges, kam Wenzel Hollar nach Deutschland. Tausende und Abertausende seiner Landsleute hatten Prag um diese Zeit verlassen, nachdem die höfische Kultur im Zuge der Schlacht am Weißen Berge unwiederbringlich verlorengegangen war und sich die katholische Gegenreformation etablierte. In diesem geistigen Klima mit seinen »erregten Allegorien« fühlte sich der nüchterne Denker Hollar nicht mehr aufgehoben. Von Straßburg kommend zog ihn die rheinische Flußlandschaft in ihren Bann. Vor allem Mainz, die alte Residenzschönheit, hatte es ihm angetan. Wenzel Hollar, der Zeichner, der Radierer, der Panoramavirtuose, besuchte auch mehrfach Köln. Dort nahm er Kontakt mit dem Verleger Abraham Hogenberg auf, der 1635 seine *Amoenissimae aliquot locorum in diuersis Provincijs iacentiu Effigies à Wenceslao Hollar Pragensi delineatae et aeri sculptae Coloniae Agrippinae* veröffentlichte. Also: Die schönsten Ansichten einiger in verschiedenen Provinzen gelegener Orte von Wenzel Hollar aus Prag gezeichnet und gestochen. Und diese waren es wohl, die ihm 1636 die Bekanntschaft mit Sir Thomas Howard, Earl of Arundel and Surrey, einbrachten. Im Auftrag des englischen Königs Charles I. weilte dieser ranghöchste Diplomat damals in Köln – unterwegs zu Kaiser Ferdinand II., um über das Erbe des Pfälzer Kurfürsten Friedrich V., des »Winterkönigs«, zu verhandeln (1619 hatte dieser sich von den böhmischen Aufständischen zum König ausrufen lassen, nach der Schlacht am Weißen Berge 1620 aber ins holländische Exil flüchten müssen). Das war keine einfache Angelegenheit: Der zwischen dem Kaiser und dem Kurfürsten von Sachsen 1635 geschlossene Friede zu Prag, dem sich die protestantischen Stände angeschlossen hatten, nahm eine Regelung der pfälzischen Frage vorweg. Entschlossen griff nun der englische König Charles I. ein, um die Ansprüche seiner Schwester Elisabeth (die mit Friedrich V. verheiratet war) und ihres Sohnes Karl Ludwig geltend zu machen. Zur ersten Sondierung der Lage sandte er John Taylor an den kaiserlichen Hof, anschließend den Earl of Arundel. Er sollte die Sache unter Dach und Fach bringen. Mit von der Partie war der englische Schriftsteller William Crowne, der den Auftrag bekam, über die politische Mission ein Reisetagebuch anzulegen. Am 17. April 1636 brach die Gesandtschaft in England auf und erreichte über DenHaag, Leiden, Utrecht, Rhenen und Arnheim am 2. Mai Köln:

Die Jesuiten von Collein haben eine ungemein stattliche Kirche gebaut, reich verziert und vergoldet, und darin einen der schönsten Altäre errichtet, die mir je vor Augen kamen; in der Stadt befindet sich ebenfalls eine große Kirche, der Dom, in dem die sterblichen Überreste dreier Könige liegen – bekannt als ›Die drei Könige von Collein‹. Zudem wäre die Kirche St. Ursula mit dem schönen Grabstein zu erwähnen, der die sterblichen Überreste jener Heiligen birgt; in der Nähe sind ferner die Gebeine von 11 000 Jungfrauen begraben, die sie begleitet hatten, um ihr Leben dem Dienst an Gott zu weihen. Ein Nonnenkloster schließlich rühmt sich einiger englischer Angehöriger.

Arundel war ein Mann von erlesenem Kunstgeschmack, und er besaß eine über die Grenzen Englands hinaus berühmte Sammlung von Zeichnungen. Wenzel Hollars außergewöhnliches Können erkannte er sofort. Daher bot er ihm an, die englische Gesandtschaft zu begleiten und die Bilder der Reise festzuhalten. Wenzel Hollar, der mit seinen 25 Jahren gerade dabei war, sich einen internationalen Ruf zu erarbeiten, tat das gern, zumal er sich freute, auf diese Weise einmal wieder nach Prag zurückzukehren.

Am 8. Mai 1636 ging die Reise also von Köln aus los – mit einem »Oberländer«. Dieses geräumige Segelschiff wurde von neun berittenen Pferden gegen die Strömung getreidelt. Außerdem hatte die Mannschaft ein Ersatzgespann auf einem Floß zusammen mit einem Versorgungsboot im Schlepp dabei. Den Augen der Betrachter bot sich indes keineswegs nur Idyllisches. Immerhin waren die Hinterlassenschaften des Dreißigjährigen Krieges allenthalben zu sehen. Und so war denn auch in William Crownes Tagebuch immer wieder die Rede von »geplünderten und zerstörten Dörfern«, aber auch von den »prächtigen Weinbergen« an beiden Seiten des Rheins.

Oberhalb von Bad Godesberg, mit dem Blick flußaufwärts auf die Ruine der um 1100 gegründeten und 1633 zerstörten linksrheinischen Burg Rolandseck, schuf Wenzel Hollar eines seiner schönsten topographischen Blätter – auf leicht gebräuntem

Papier mit dunkelbrauner Feder, hellbraun und hellblau aquarelliert, Titel: *Rheinlandschaft bei Rolandseck*. (Ihr noch heute stehender Rest, der Rolandsbogen, verdankt übrigens seine Existenz dem damals in Unkel wohnenden Dichter Ferdinand Freiligrath. Denn als der Bogen 1839 einstürzte, setzte er sich für dessen Wiederaufbau ein, den der Kölner Dombaumeister Ernst Friedrich Zwirner vornahm.) Wie auf fast allen Hollar-Zeichnungen findet sich auch auf dieser das Arundelsche Schiff, und zwar im perspektivischen Fluchtpunkt, so daß es die Bildtiefe erschließt. Die Bilddiagonale, die durch die Mastspitze des Schiffes führt, erhöht die kompositorische Spannung. Am linken Bildrand dann die Insel Nonnenwerth mit ihrem gleichnamigen, im frühen 12. Jahrhundert gegründeten Benediktinerinnenkloster. Wenzel Hollar hat es im unversehrten Zustand gezeichnet – hinter hohem Buschwerk und Bäumen versteckt. Tatsächlich wüteten auch hier 1632 die Schweden, und erst viele Jahre später wurden die Schäden repariert.

Am nächsten Tag lichteten wir im Morgengrauen die Anker und erreichten über Engers zur Linken das Gebiet des Trierischen Landes und somit Coblentz, eine Stadt zur Rechten des Rheins gelegen. Erst vor kurzem waren die Franzosen durch Truppen des Kaisers hinüber zur Burg Hermanstein, die auf der anderen Seite hoch über der Stadt thront, vertrieben worden. Als wir an die Stelle gelangten, lieferten sich die Streitkräfte ein Gefecht, weshalb wir eine halbe Meile vor der Stadt unsere Anker warfen und einen Trompeter schickten, der um freies Geleit für uns bitten sollte.

Was wurde hier gespielt? Der Trierische Kurfürst Philipp Christoph von Soetern, der von 1623 bis 1653 amtierte, stand in den

Turbulenzen des Dreißigjährigen Krieges auf seiten der französisch-antikaiserlichen Partei und damit im krassen Widerspruch zu seinem eigenen, durchweg kaisertreuen Domkapitel. Nachdem er Kardinal Richelieu in Trier zum Dompropst bestimmen wollte, hatte er den Franzosen Koblenz und Ehrenbreitstein 1632 in die Hände gespielt. Daraufhin rückten die kaiserlichen Truppen an. Die Arundelsche Reisegesellschaft wurde Zeuge.

Die Durchfahrt wurde wohlwollend genehmigt, beide Seiten unterbrachen den Kampf. Der General in der Stadt, der bereits Vorbereitungen zur gastlichen Aufnahme Seiner Exzellenz traf, ordnete an, das Tor zum Empfang zu öffnen. Aber die Truppen auf der Festung feuerten sogleich eine Kanone ab und brachten damit die Verteidiger der Stadt in ernste Gefahr. Sie hielten sich nun versteckt, bis Seine Exzellenz tatsächlich am Stadttor eintraf. Die gastfreundliche Aufforderung, in der Stadt zu dinieren, lehnte Seine Exzellenz aber im Hinblick auf die lange Wegstrecke, die für diesen Tag geplant war, ab.
Was diejenigen in der Festung betraf, so wurden sie von allen Seiten belagert – mit Kanonen, die das Ufer vor ihnen kontrollierten, einer großen berittenen Kompanie (Crabbats genannt) hinter ihnen und weiterer Kavallerie und Infanterie auf einem ausgedehnten, ebenen Landstück jenseits von ihnen. Weitere Streitkräfte hatten sich auf Inseln im Rhein stationiert.

Diese kriegerische Atmosphäre hielt Wenzel Hollar auf mehreren Ansichten fest. Wenn er zum Beispiel von den Wällen der Festung Ehrenbreitstein Soldaten Schulter an Schulter nebeneinanderstehend den Rhein beobachten läßt oder jenes »sehr schöne Gebäude«, das Schloß Philippsburg, in Pulverdampf hüllt.

Am Sonntag, dem 1. Mai (Pfingstsonntag), verließen wir Boppard, kamen an Dörfern, die im Krieg zerstört worden waren, vorbei und an vielen Bildstöcken Unseres Heilands und der Jungfrau Maria, bis wir die Grafschaft Hessen erreichten, wo die Ufer immer noch von ansehnlichen Weinbergen eingefaßt sind [...] Auf der linken Seite passierten wir Kaub, die erste Stadt in der Pfalz, und weiterhin Burg Pfalz, die auf einer kleinen Insel im Fluß errichtet ist. Weiter flußaufwärts landeten wir in Bacharach, einer Stadt auf der rechten Seite des Rheins mit einer Burg auf einem hohen Felsen innerhalb der Stadtmauern; zur Kirche unterhalb der Burg führen einhundert Stufen hinauf. Die Lebensbedingungen sind hier so hart, daß die armen Leute tot und mit Gras im Mund aufgefunden werden.

Anders als William Crowne (der übrigens, wie am Datum erkennbar, einen anderen Kalender benutzte; es existierten damals der alte julianische und der neue gregorianische nebeneinander!) blendete Wenzel Hollar diese bedrückenden Kapitel aus. Mag sein, daß der Earl of Arundel das so wünschte. Wer weiß? Naheliegend ist das durchaus, wo dieser doch an den deutschen Baudenkmälern großen Gefallen fand und sie sich möglicherweise unbeeinträchtigt bewahren wollte. Denn schockierende Anblicke gab es genug.

Als nächstes fuhren wir an der hübschen Stadt Bingen auf der rechten und Burg Ehrenfels auf der linken Seite vorbei nach Rüdesheim – in diese Stadt ging ich hinein und sah arme Leute in einem kleinen alten Haus, in dem Gebeine aufbewahrt werden, beten. Seine Exzellenz versuchte diesen armen Schluckern ein wenig zu helfen. Sie waren so verhungert, daß sie sich um das Essen schlugen, welches er ihnen gebracht hatte.

Im Katalog der Mainzer Ausstellung 1986 gibt es zu diesem Reiseabschnitt vier Bildpaare – die einzigen ihrer Art, die Wenzel Hollar angefertigt hat. Denn von Oberlahnstein und Boppard, von Bingen und Rüdesheim fing er jeweils zwei Stimmungen ein, wobei die eine von einem ruhigen, festen Strich und ungeheurer Schärfe bis ins letzte Detail geprägt ist, während auf der anderen die Umrisse verschwommen sind und diesige Sicht herrscht. Der Kunsthistoriker Ralph Melville vermutet, daß die »zweite Version« jeweils die Rückreise der Arundelschen Mission symbolisiert und damit zugleich Wenzel Hollars souveränen Umgang mit unterschiedlichem Licht bei ein und demselben Motiv demonstriert. Wie eine persönliche Widmung an Arundel wirkt schließlich das Panorama von Mainz, der letzten Station der Reise am Mittelrhein: Anders als 1632, seinem ersten Mainz-Panorama, zeichnet sich Wenzel Hollar auf einer Anhöhe sitzend mit einem Skizzenblock. Dem bildbetrachtenden Publikum wendet er den Rücken zu. Und so schauen wir denn, gleichsam zusammen mit dem meisterhaften »Landschafter«, auf eine jener siebzig Ansichten, die auf der sieben Monate dauernden Fahrt 1636 entstanden und für den Künstler selbst, so Gabriela Kesnerová, eine »Schatzkammer« waren.

→ Johann Georg Forster

ANSICHTEN EINES REPUBLIKANERS 1790

Es war im Frühjahr 1790, als Johann Georg Forster seine Reise nach Brabant, Flandern und Holland, England und Frankreich von Mainz aus auf dem Rhein antrat.

Seit oktober 1788 war Georg Forster kurfürstlicher bibliothekar in Mainz. ein höchst wechselvolles leben hatte der damals 34-jährige mann hinter sich. nach einer kindheit voll entbehrungen und nöten hatte er an der seite seines vaters das glück genossen 1772-75 kapitän Cooks zweite reise um die welt mitzumachen [...] nach einigen jahren anstrengendster schriftstellerischer arbeit betrat er, noch nicht 24jährig, im oktober 1778 den deutschen boden, wo man den jungen berühmten reisenden überall begeistert aufnahm.

Nachzulesen bei Albert Leitzmann, dem Herausgeber der *Briefe und Tagebücher Georg Forsters* im Verlag Max Niemeyer zu Halle an der Saale 1893. Ein beträchtlicher Teil jener »herrlichen blätter« war bis dahin noch weithin unbekannt, weil unveröffentlicht, wiewohl Forster daraus 1790 seine berühmten *Ansichten vom Niederrhein* (indes ohne die persönlichen Konnotationen) formulierte. Im ersten Brief, datiert vom 25. März 1790, schrieb Forster an seine »beste Therese«, seine Frau:

Ich habe, der Nationalstolz unserer Landsleute mag es mir verzeihen oder nicht, auf der Fahrt durchs Rheingau einen Bogen von der Reise nach Borneo übersetzt, und meine Phan-

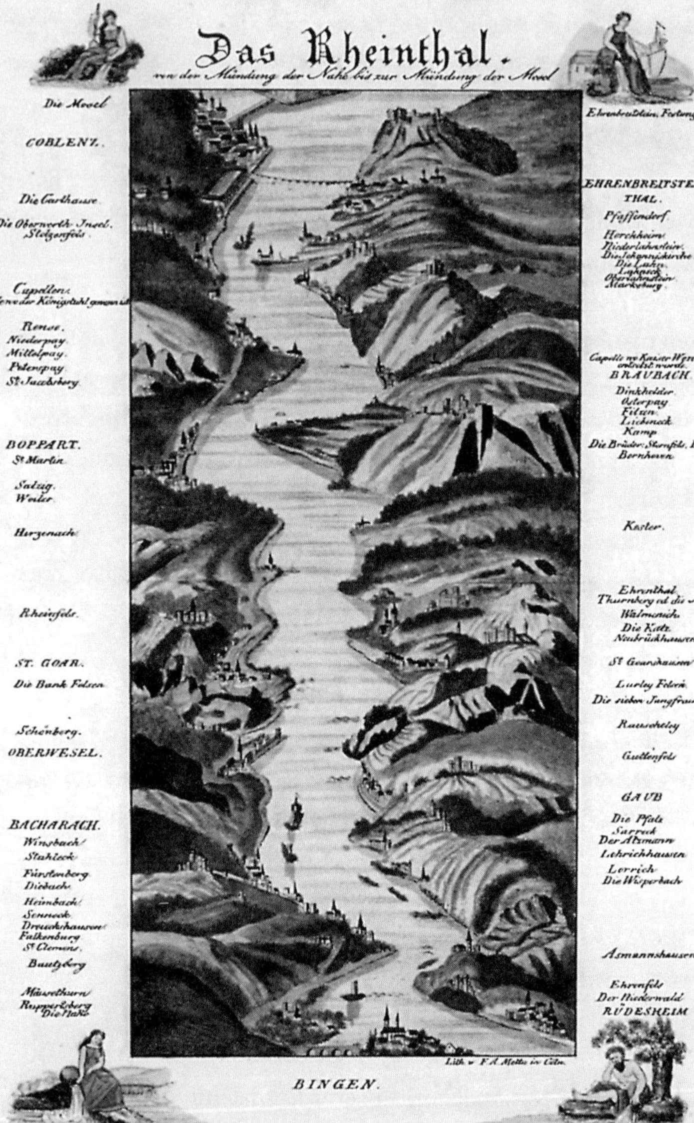

Das Rheinthal.
von der Mündung der Nahe bis zur Mündung der Mosel
Die Mosel
COBLENZ.
Die Carthause
Die Oberwerth Insel.
Stolzenfels
Capellen.
Stelle wo der Königstuhl gewesen ist
Rense.
Niederpay
Mittelpay
Peterspay
St Jacobsberg
BOPPART.
St Martin
Salzig.
Weiler
Herzenach
Rheinfels.
ST. GOAR.
Die Bank Felsen
Schönberg.
OBERWESEL.
BACHARACH.
Winsbach
Stahleck
Fürstenberg
Diebach
Heimbach
Sonneck
Falkenburg
St Clemens.
Bautzberg
Mäusethurn
Ruppertsberg
Die Nahe
Ehrenbreitstein Festung
EHRENBREITSTEIN
THAL.
Pfaffendorf
Horchheim
Niederlahnstein
Die Lahn
Lahneck
Oberlahnstein
Marksburg
BRAUBACH
Dinkholder
Osterpay
Filzen
Liebeneck
Kamp
Die Brüder: Sternfels, Liebenstein
Bornhoven
Kestert.
Ehrenthal
Thurnberg od. die Maus.
Welmich
Die Katz
Neubrückhausen
St Goarshausen
Lurley Felsen
Die sieben Jungfrauen
Rauschelay
Guttenfels
GAUB
Die Pfalz
Sarreck
Der Altmann
Lohrichhausen
Lorrich
Die Wisperbach
Asmannshausen
Ehrenfels
Der Niederwald
RÜDESHEIM
Lith. v. F. A. Mette in Cöln.
BINGEN.

tasie mit jenen glühenden Farben und jenem gewaltigen Pflanzenwuchs des heissenden Erdstrichs, wovon die winterliche Gegend hier nichts hatte, gewärmt und gelabt. Wir müssen jedoch gerecht seyn. Hie und dort sahen wir ein Mandel- und ein Pfirsichbäumchen, auch schon manchen Frühkirschenbaum mit Blüthenschnee, röthlich oder weiss überschüttet, und selbst in dem engen Theil des Rheinlaufs zwischen den Bergklüften, hieng oft an den öden, durch die Rebenstöcke noch trauriger aussehenden Felswänden und Terrassen ein solches Kind des Frühlings, das schöne Hoffnungen auf die Zukunft in uns weckte. Nicht immer also sassen wir und schrieben; manches Stündchen ward auf dem Verdeck zugebracht.

»Wir« – das waren Georg Forster und sein 15 Jahre jüngerer Freund Alexander von Humboldt, der den »Meister«, wie Albert Leitzmann berichtet, für die Dauer der Reise begleitete und ihm schon »vorher durch seinen älteren bruder wilhelm« (dieser gehörte bereits zu Forsters engem Bekanntenkreis) empfohlen war.

Die Territorien links und rechts des Rheins zählten zu den rückständigsten im Heiligen Römischen Reich Deutscher Nation. Die reisenden deutschen Aufklärer fanden somit Zustände wie im Mittelalter vor. Zwar war der Rhein eine bedeutende Verkehrsader, aber ineffektiv für den Transport. Das lag zum einen an den Untiefen und Stromschnellen, zum andern verzögerten und verteuerten hohe Zölle und städtische Stapelrechte den Güterverkehr. Privilegien der Gilden und Zünfte schließlich blockierten vernünftige Reformen.

← Georg Forster war vor allem an der Beschaffenheit des Rheinlaufes interessiert: an der geographischen Lage, dem Boden, dem Klima

Georg Forster, der Weltreisende, der Rationalist, nahm die Rheinlandschaft nüchtern zur Kenntnis – begeistert hat sie ihn kaum. Die zertrümmerten, zwischen schroffen Felsspitzen klebenden Wohnsitze »der adelichen Räuber«, die einst der Schrecken der Rheinschiffer waren, stießen ihn ab. Die Lage der kleinen Städte, eingeengt von den fast senkrechten Wänden des Schiefergebirges, empfand er gar als melancholisch und schauderhaft. Ein Lichtblick tat sich lediglich nach dem Zwischenstopp in Boppard auf. Am 26. März 1790 schickte Georg Forster einen nächsten Brief an seine Frau:

Hier öffnet sich doch eine der reicheren Aussichten, die Abwechselung und schöne Formen von den Hauptingredienzen der Landschaft, Gebirgsrücken, Baumschlag, Gebäude und Wasser darbietet. Es kleiden sich die Hügel mit Waldung; das Schloss prangt am Ufer, und der Ehrenbreitstein hängt herrlich in der Höhe.

Was Therese Forster jedoch verborgen blieb, war der Besuch ihres Mannes in der Festung. Denn davon erfahren wir nur (war das zu viel für ihr Gemüt?) im Tagebuch:

Wir erstiegen den Ehrenbreitstein. Nicht die unwichtige Kostbarkeit dieser Festung; nicht der Vogel Greif, jene ungeheure Kanone, die eine Kugel von hundertundsechzig Pfunden bis nach Andernach schießen soll, aber doch wohl nie geschossen hat; nicht alle Mörser, Haubitzen, Feldschlangen, Zwölf= und Vierundzwanzigpfünder, lange gezogene Röhre, Kartätschenbüchsen, Graupen und was sonst im Zeughause oder auf den Wällen zu bewundern ist; nicht die weite Aussicht von dem höchsten Gipfel des Berges, wo Koblenz mit dem Rhein und der Mosel landkartenähnlich unter den Füßen liegt – nichts von dem allen konnte mich für den abscheulichen Eindruck entschädigen, den die Gefangenen dort auf mich machten, als sie mit ihren Ketten rasselten und zu ihren räucherigen Gitterfenstern hinaus einen Löffel steckten, um dem Mitleiden der Vorübergehenden ein Almosen abzugewinnen. Wäre es nicht billig, fiel mir dabei aufs Herz, daß ein Jeder, der Menschen zum Gefängnis verurtheilt, wenigstens Einen Tag im Jahre mit eigenen Ohren ihr Gewinsel, ihre himmelstürmende Klage vernehmen müßte, damit ihn nicht der todte Buchstabe des Gesetzes, sondern eigenes Gefühl und lebendiges Gewissen von der Rechtmäßigke seiner Urtheile überzeugte?

In Koblenz gesellte sich Iffland, der Schauspieler, Regisseur und Stückeschreiber zu Forster und Alexander von Humboldt. Bis nach Düsseldorf zogen sie nun zu dritt. Vorerst jedoch machten sie Halt in Andernach, das sie noch vor Sonnenuntergang erreichten, und damit gerade noch zeitig genug für eine mineralogische Kurzexpedition. Dieses Hobby war Ende des 18. Jahrhunderts groß in Mode.

Die Erscheinung dieser unbezweifelten Erzeugnisse des Feuers am friedlichen Rheinufer hat schon manchen Gebirgsforscher in Erstaunen gesetzt, welches vielleicht vom ruhigen Wege des Beobachtens abwärts führt. In der Strecke von Andernach bis Bonn glaubten Collini, Hamilton, de Luc und andere Freunde der Feuertheorie die deutlichsten Spuren ehemaliger feuerwerfenden Schlünde zu sehen. Vulcane dampften und glühten; geschmolzene Lavaströme flossen, kühlten sich plötzlich in dem Meere, das damals alle diese Länder bedeckte, und zerklüfteten sich in säulenförmige Theile; ausgebrannte Steine, Asche und Kohlen flogen in die Luft und fielen in Schichten nieder, die man jetzt angräbt und zum Wasserbau nach Amsterdam versendet; kurz, ehe es Menschen gab, die den Gefahren dieses furchtbaren Wohnortes trotzten und das plutonische Gebiet mit Weizen oder mit Reben bepflanzten, kreißte hier die Natur und die Berge wanden sich in gewaltsamen Krämpfen. Ist das nicht prächtig geträumt?

→ Rheinreisende Engländer

Die Entdeckung der Romantik
Anfang des 19. Jahrhunderts

Sie war den englischen Lesern bereits durch ihre Schauerromane *The Romance of the Forest* (1791) und *The Mysteries of Udolpho* (1794) bekannt. Mit Spannung wurde daher ihr Buch über den Rhein, welchen sie im selben Jahrzehnt wie Georg Forster bereiste, aufgenommen:

Zu unserer Linken verloren die gewaltigen Berge, die das östliche Rheinufer begrenzen, nach und nach ihren ätherischen Charakter, als wir uns ihnen näherten, und entfalteten neue Besonderheiten und neues Entzücken: eine sich immer wieder verändernde Illusion, zu der sich flüchtig einstellende Gewitterwolken beitrugen. Die Sonnenstrahlen, die zwischen diesen Wolken hindurchströmten, warfen schwache Schimmer auf die Klippen, und, gefolgt von schwarzen Schatten, verliehen sie den natürlichen Farben dieser Berge eine überraschende und einzigartige Wirkung.

Ann Radcliffs *Journey, made in the Summer of 1794 through Holland and the Western Frontier of Germany with a Return down the Rhine* traf den Geschmack des englischen Publikums genau. Denn im Unterschied zu den pragmatischen, nützlichkeitsorientierten deutschen Aufklärern suchte das Inselvolk »locations« zur Kultivierung sentimentaler Gefühle und »landscapes«, die sie wie ein riesiges Gemälde durchwandern konnten. Das kam nicht von ungefähr und hatte mehrere, miteinander verwobene Gründe: Während in Deutschland die Obrigkeit das gesellschaftliche

Leben strikt unter Kontrolle hielt und dem einzelnen kaum Raum zur Entfaltung ließ, erlebte der Individualismus in England durch die frühe industrielle Revolution seine große Blütezeit. Der liberal sich gebende Kapitalismus förderte jeden Unternehmergeist und damit einhergehend »intimate feelings«, Lebensgenuß und Lebensglück. Zugleich frönten der reiche, weltoffene englische Adel und das neue, oft nicht minder betuchte Wirtschaftsbürgertum ihrer Reiselust. Mindestens »once a life« ging es auf Europatournee, auf die »Continental Tour«. Lieblingsziel war Italien.

Dem Künstler und Texteschreiber John Gardnor vor allem war es zu verdanken, daß der Rhein ins öffentliche Bewußtsein der Engländer drang (obwohl spätestens seit Shakespeare Rheinwein auf einem gepflegten Dinnertisch stand). 1788 zunächst im Folioformat, 1792 dann im Duodez erschienen seine *Views taken on and near the river Rhine*. Dieses mit Aquatintablättern aufwendig ausgestattete Buch ging als erstes »Andenkenbuch« in die englische Rheinreiseliteratur ein und als erstes, wie die Subskriptionsschrift betont, welches die »malerischen Schönheiten« des Rheines in einer Ansichtenfolge darbot: »schwierig zugängliche Landstriche, fürchterliche Schluchten, kaum passierbare Wege«. Ganz so exklusiv, wie John Gardnor seine Leistung pries, war sie jedoch nicht. Aber sie galt durchaus für England. Immerhin gab es eine Reihe künstlerischer wie topografischer Vorreiter: 1555 hatte in Köln Kaspar Vopell die erste Rheinkarte herausgebracht. Dieser Holzschnitt verzeichnete erstaunlich präzise selbst kleinste Ortschaften, was ein Novum war, wo man den Flußlauf bis dahin immer nur in größeren geografischen Zusammenhängen zu Gesicht bekam. 1570 legte Bernhard Moller mit

← Der englische Landschaftsmaler Clarkson William Stanfield prägte mit seinen Rheinbildern das »romantische Sehen«

seiner Schrift *Rhenus et eius Descriptio elegans* die erste Prosadarstellung des gesamten Stromlaufes vor. Und im Zuge der »Weltbeschreibungen«, vorangetrieben von den Niederlanden, der großen Kolonialmacht, fertigten im 17. Jahrhundert ganze Manufakturen »Rheinströme« an: auf spanischen Wänden, Kaminen, Türgewandungen. Zugleich erlebte eine neue poetische Gattung ihren Auftritt – das »Stromgedicht«. Auslöser hierfür war 1635 »De Rynstrom« des Barockdichters Joost van den Vondel: »...Du schlängelst wie die Griechenschlang/Durch das Gestäud in blauen Zügen/Um grüne Hügel breit und lang/Und schwelgst und schlürfst aus allen Krügen ...« Den Titel »Rynstrom« wählte 1678 auch der niederländische Maler Herman Saftleven für seine Flußgemälde. Und diese machten die Rheinlandschaft zum Inbegriff einer Flußlandschaft schlechthin. »Der schattichte Hügel, wo der Künstler die grünende Natur und die wirksamen Menschen belauschet hatte«, erläuterte 1762 der Kunsttheoretiker Christian Ludwig von Hagedorn, »ward der Vordergrund seines Gemähldes. Allein die massige Wirkung des Sonnenlichts, das an den Ästen bis zum verborgenen Laube schleichet, das durchsichtige Grüne gab diesem Vordergrunde das Anziehende. Dem Aug zur Ruhe blieb er minder bevölkert, weil der mittlere Grund und die Ferne herrschen sollten.«

Besonders in England erfuhr jene Mischung aus Phantastik und Realistik, dekorativer Ausschmückung und dokumentarischer Vedute (zu den Meistern dieser Maltradition zählen auch Roelant Savery, Gerrit van der Horst und Lukas van Valckenborch) großen Wiederhall. Denn sie paßte zu dem neuen ästhetischen Wahrnehmungskonzept, das sich unter dem Begriff »pleasures of imagination« gerade durchsetzte: An die Stelle des klassischen Ideals der italienischen Architektur trat das »Pittoreske« in der eigenen, vornehmlich mittelalterlichen Vergangenheit; zudem stieg die »gothic novel«, also der Schauerroman nach Radcliffscher Machart, an die Spitze der literarischen Charts. Von England bis zum Mittelrhein war der Weg nun nicht mehr weit; dorthin, wo es die »greatest variety« an wilden Felsen und zerklüfteten Schluchten, gefährlichen Hohlwegen, überhängenden Wäldern, verlassenen Burgen und Ruinen, aber auch lichter Ferne und fröhlichen Szenerien in den Uferstädtchen gab. »Picturesque touring« nannte sich der Reisetrend, wobei es darum ging, künstlerische Déjà-vu-Erlebnisse mit literarischen Assoziationen zur Deckung zu bringen. Mit anderen Worten: Das »Pittoreske« des Rheins wurde um so intensiver wahrgenommen, je mehr sich die »Rhynstrom«-Ansichten (und die waren im Bildungskanon der gehobenen englischen Schulen ein »common place«) mit den Romanlandschaften zu einem neuen, faszinierenden Ganzen vermischten. Vor diesem Hintergrund trug 1798 Gregory Lewis in seinen *Tales of Terror* die rheinische Sagenwelt in die englischen Wohnstuben. Und Mary Shelley, Tochter der Frauenrechtlerin Mary Wollstonecraft, nahm den dramatischen Flußabschnitt zwischen Mainz und Köln – sie reiste 1814 an den Rhein – als Handlungsort in ihren Evergreen *Frankenstein, or the modern Prometheus* hinein:

So manche verfallene Burg erblickten wir, wie sie, umgeben von schwärzlichen Wäldern, dort oben in einsamer luftiger Höh' über schwindelerregenden Abgründen thronte. In der Tat bietet ja dieser Teil des Rheintales die abwechslungsreichsten Landschaftsblicke. Zum Beispiel mögt Ihr jetzt noch ein rauhes, zerklüftetes Bergland gewahren, bekrönt von Burgruinen, welche über ungeheuren Tiefen sich erheben, darin der dunkle Rheinstrom dahinbraust, und schon nach der Umschiffung des nächsten Vorgebirges alsbald der üppigsten, in ergrünenden Terrassen sich hinaufstufenden Rebenhänge ansichtig werden, sowie eines mäandrierenden Flußlaufes und volkreicher Städte, welche nunmehr das Bild beherrschen!

Zum unbstrittenen Kultautor der englischen Rheinromantisierung wurde Lord Byron. Fast über Nacht machte ihn 1816 sein Heldengesang *Childe Harold's Pilgrimage* weit über die Grenzen Englands hinaus bekannt. Kaum ein Reiseführer oder Hotelprospekt, kaum eine Rheinhistorie ließ es sich bis zum Ende des 19. Jahrhunderts nehmen, aus dem dritten »Gesang« seiner dreiteiligen, nicht endenwollenden Verserzählung zu zitieren: über die Reise des in Moll schmachtenden Ritters Harold nach Waterloo und an den Rhein. Unauslöschlich prägte sich den Engländern vor allem »The castled crag of Drachenfels« ein:

Weit droht ins offne Rheingefild
Der turmbezinnte Drachenstein;
Die breite Brust der Wasser schwillt
An Ufern hin, bekränzt vom Wein,
Und Hügeln, reich an Blüt und Frucht
Und Au'n, wo Traub und Korn gedeihn,
Und Städten, die an jeder Bucht
Schimmern im hellen Sonnenschein:
Ein Zauberbild! – doch fänd ich hier
Zwiefache Lust, wärst du bei mir!

Postum wurden Lord Byrons *Gesammelten Werke* von John Murray, dem englischen Baedeker, ediert. Die zahlreichen Illustrationen dazu lieferte William Turner. Dieser war 1817 für vier Wochen an den inzwischen »romantisch« getauften Rhein (seit 1810 ein feststehender Begriff) in der Absicht gereist, auf

Wanderungen und Bootsfahrten von Mainz nach Köln Bleistiftskizzen zu zeichnen. John Gardnor, dessen Aquarelle die Royal Academy regelmäßig ausstellte, beriet den 41jährigen Künstlerkollegen und seit 1807 Professor an der Akademie, in der Wahl seiner Rheinroute. Zudem studierte William Turner noch einmal gründlich Gardnors Text über die »kühnen Objekte der Natur«, die den Rhein seit langem zum »Gegenstand der Bewunderung« gemacht hatten.

Die Rheinbegeisterung eines Schlegel und Hölderlin, Clemens Brentano und Achim von Arnim zu Beginn des 19. Jahrhunderts blieb weithin unbeeinflußt von der englischen Entwicklung. Und das rührte eben aus dem Umstand, daß die deutsche Rheinromantik gänzlich andere Wurzeln besaß: Eingeengt von einer starren Gesellschaftsordnung, der Goethes Wahlverwandten zu entkommen suchten, wurde die Rheinlandschaft samt ihren imaginären Kraftkerlen aus dem Rittertum verklärt. Daß dieser emphatische Überschwang nicht selten bizarre Züge annahm, ist in der grenzenlosen Verramschung der Rheinromantik untergegangen. Deutschland, Deutschland über alles.

Mit Hurra-Rufen nahm man die Touristenkonvois in Empfang, Touristen aus aller Welt. Einzig die »Reisenden Engländer« aber wurden von Karikaturisten (die im »feuilletonistischen Zeitalter« wie Pilze aus der Erde schossen) aufs Korn genommen. Als »paying guests« erfreuten sie sich allgemeiner Beliebtheit. Ihre Marotten jedoch – Sitzkissen, hoher »Vatermörder«, obligatorisches Perspektiv (siehe Wilhelm Buschs »Mr. Pief«) und nicht zuletzt der mitgebrachte, eigene Tee – machten den »karierten Engländer« zur Lachnummer, auch unter den eigenen Landsleuten: So witzelte William Makepeace Thackeray 1850 in *The Kickleburys on the Rhine* über sie; kräftige Seitenhiebe verpaßte ihnen Richard Doyle in *The Foreign Tour* des Trios Brown, Jones und Robinson. Mit zeitkritischem Biß rückten die seit 1844 in München erschienenen »Fliegenden Blätter« den »Reisenden Engländer« in den Blick, ebenso die im Umfeld der Düsseldorfer Malerschule herausgekommenen »Düsseldorfer Monatshefte«. Jeder, erinnert sich Hoffmann von Fallersleben an seine Düsseldorfer Freunde, habe »schnurrige Geschichten« über die viktorianischen Insulaner erzählt. Unhöflich und hochnäsig seien sie gewesen und wenig geneigt, mit den Rheinländern Kontakt aufzunehmen (auf einem anderen Blatt Papier stand freilich die Begeisterung der Rheinländer 1845 über den Staatsbesuch Queen Victorias nebst Prinzgemahl Albert von Sachsen-Coburg-Gotha!). Eingeleitet von einer litaneiartigen »Vorrede« über den »ernsten Michel«, der in Deutschland wenig Erheiterndes vorfand, hatte Hoffmann von Fallersleben die Idee, einen Gedichtband über *Die Engländer am Rhein* auf den Markt zu bringen. Die 36 (!) geplanten Verse, jeweils einer Rheinreisestation gewidmet, sollten 36 Düsseldorfer Künstler illustrieren. Das Vorhaben indes verlief im Sande, wiewohl der von seiner Breslauer Professorenstelle Suspendierte einen Großteil fertigschrieb. Zum Beispiel über Sir Knowledge in Köln, der ein Bild erhandelt, das fortan »mit ihm überall hin wandelt«. Oder über Lord Mobbish in Königswinter, der da liegt »in der Cajüte fest« und sich durch nichts bewegen läßt.

Sir Shropshire steigt in Bonn ans Land
mit seiner Gemahlin an der Hand.
Sie gehen zu Beethovens Monument,
Den er aus dem Quarterly Review kennt.
Sie kehren zurück in vollem Trab,
Doch ist schon der Dampfer gefahren ab.

Ein Schiffer will sie bringen an Bord
Und als er fährt, will nicht zahlen der Lord.
Sir Shropshire stehet wie Robinson
Und kehrt ganz gebildet zurück nach Bonn.

Sir Hoopop war erstaunt in Bacharach über ein fehlendes Kirchendach; Lord Cherry kehrte in Ingelheim ein und orderte den »allerältesten Wein«; Sir Mockturtle wohnte ein Vierteljahr »am freien Rhein« zu St. Goar; Lord Chichester übte sich in Neuwied im Angelsport. Undsoweiter. Undsofort. Im *HEINE-Jahrbuch '86* wurde Hoffmanns Manuskript, kommentiert vom Herausgeber Joseph A. Kruse, erstmals abgedruckt.

→ Von Flößen, Dampfern und Luxuslinern

Auf dem Rhein

Ein interessanter Moment ist die Abfahrt [...] die Ankerknechte treten in die Nachen, und die Meisterknechte – bewaffnet mit großen Stangen, woran sich eiserne Haken befinden – ertheilen die Befehle, und halten auf Ordnung und Pünktlichkeit im Dienste [...] Der Steuermann besteigt seinen Stuhl, es tritt eine plötzliche Stille ein – die Hüte werden abgenommen, die Hände gefaltet, ein kurzes Gebet um glückliche Fahrt zum Himmel geschickt. Nun giebt der Steuermann mit seinem Hut die Signale, welche von einigen Ruderknechten, die in bestimmten Entfernungen stehen, und einen wandernden Telegraf bilden, durch die Bewegung eines Stabs fortgepflanzt werden.
Die Kunst, ein Floß zu steuern, ist übrigens unter der Schiffergilde nichts weniger als gemein, und vor ohngefähr vierzig Jahren war sie noch das Geheimnis eines einzigen Mannes zu Rüdesheim und seiner Söhne. Die häufigen Krümmungen des Rheines, die Wirbel und Fälle, welche durch sein oft felsiges und abschüssiges Bett gebildet werden, erschweren die Leitung einer so ungeheurn Masse, und machen sie oft gefährlich, zumal, da ein Floß – eben weil es tiefer im Wasser geht, auch ungleich schneller dahin treibt als ein gewöhnliches Fahrzeug. Muß angelegt werden, so reißt oft der Strom die ganze Masse mit ihren hundert Ankern noch eine Strecke fort, daß die Taue brechen, die Kniee zersplittern, und Felsenstücke

← **Dutzende von Burgen und Schlössern ziehen an beiden Ufern des Mittelrheins vorüber**

von ihrer Stelle gerückt werden, bis endlich der Vordertheil ans Land treibt, und sich daselbst festlegt.

Jener Rüdesheimer Steuermann, den der Mainzer Historiker Niklas Vogt im Kapitel »Rheinflöße« seiner *Ansichten des Rheins* 1806 meint, war Johannes Jung. In eingeweihten Kreisen sprach man von seinem Talent, die Floßmannschaft mit den Kommandos »Frankreich« (stromabwärts in Fahrtrichtung links) und »Hessenland« (rechts) zu dirigieren und sicher vor allem durch die gefährliche Gebirgsstrecke am Binger Loch, dem tückischen Hindernis unmittelbar hinter Rüdesheim, zu führen. Noch zu Beginn des 17. Jahrhunderts krachte hier ein Wasserfall das steile Riff hinunter. Mit Beginn der Ära des Holländerholzhandels wurde dieses gesprengt, woraufhin eben ein Loch entstand. Risiken barg es besonders, wenn starke Windböen aufzogen. Um 1900 waren noch rund 300 Flöße auf dem Rhein unterwegs. 1967 verabschiedete sich das letzte.

Nahezu zeitgleich mit dem englischen Rheintourismus hatte die Dampfkraft die Rheinschiffahrt revolutioniert. Ihre maßgeblichen Betreiber waren obendrein englische Ingenieure! So ging »The Defiance« 1816 auf ihre erste Erkundungsfahrt von London Richtung Frankfurt »ohne Mast, Segel und Ruder (dies die eigentliche Sensation)«, wie in der »Kölnischen Zeitung« zu lesen war. Im Jahr 1817 schnaufte die »Caledonia«, ausgerüstet mit zwei Maschinen von zusammen 50 PS, »durch die staunenden Rheinfluten«. Dann kehrte vorübergehend Ruhe ein, eine Ruhe vor dem Sturm der technologischen Neuerungen. Spurtreter wurden hier Melchior Bernhard Boisserée, ein Bruder des Kunstsammlers Sulpiz Boisserée, und der Stuttgarter Buchhändler sowie Verleger Johann Friedrich Cotta: Als frischgebackene Aktionäre einer niederländischen Dampfschiffahrtsgesellschaft setzten sie sich für detaillierte Fahrwassererkundungen ein, um eine reguläre Verbindung von Rotterdam bis Mainz zu institutionalisieren. Die Gesellschaft ging auf den Explorationsvorschlag ein und schickte 1824 zu diesem Zweck ihren Dampfer »De Zeeuwe« an den Rhein. Er war 35 Meter lang, 5 Meter breit, maß 1.25 Meter Tiefgang und faßte 120 Passagiere. Dem »Triumphzug« des »wunderbar einherrauschenden Mühlenschiffs« folgte ein geschickter Schachzug: Auf Geheiß der Kölner Handelskammer, die am Konzept einer Preußisch-Rheinischen Dampfschiffahrtsgesellschaft arbeitete, luden die Niederländer 1825 den in seinen rheinischen Landen weilenden König Friedrich Wilhelm III. zur Jungfernfahrt auf ihre gerade vom Stapel gelaufene »De Rijn« ein. Diese PR-Kampagne sollte vor allem den Argwohn der Rheinschiffer zerstreuen. Ein paar Wochen später erhielt das Schiff den Namen »Friedrich Wilhelm«. Zeugin dieses Spektakels am Kölner Rheinufer wurde Annette von Droste-Hülshoff, die ihrer Mutter in einem Brief mitteilte:

Ein so großes Dampfschiff ist etwas höchst Imposantes, man kann wohl sagen, Fürchterliches. Es wird, wie Du wohl weißt, durch Räder fortbewegt, die, verbunden mit dem Geräusch des Schnellsegelns, ein solches Gezisch verursachen, daß es auf dem Schiffe schwer halten muß, sich zu verstehen. Doch dieses ist nicht das eigentlich Ängstliche. Aber im Schiffe steht eine hohe dicke Säule, aus der unaufhörlich der Dampf hinausströmt in einer grauen Rauchsäule mit ungeheurer Gewalt und einem Geräusch wie das der Flamme bei einem brennenden Hause. Wenn das Schiff stille steht, oder wenn der Dampf so stark wird, daß er die Sicherheitsventile öffnet, so fängt das Ding dermaßen an zu brausen und zu heulen, daß man meint, es wollte sogleich in die Luft fliegen. Kurz, das Ganze gleicht einer Höllenmaschine, doch soll gar keine Gefahr dabei sein, und ich möchte diese schöne Gelegenheit wohl benutzen, um nach Koblenz zu kommen, was in fünf Stunden möglich sein soll.

Mit diesem für damalige Verhältnisse schwindelerregenden Tempo (so manch ein Passagier soll sich auf der Gangway bekreuzigt haben) war die Gemütlichkeit vorbei. Kein Mägdlein mehr, das streute Rosen rot hinunter in die Wogen und grüßte, wie im Boot lust'ge Studenten sacht vorüberzogen. Nun schoß man »wie ein Pfeil zwischen Bingen und Rüdesheim hindurch«, vermerkte 1832 Ludwig Rellstab: »O wie herrlich liegt Schloß Rheinstein! Wo? Wo? – Hier dicht vor uns! Nein, jetzt ist's verschwunden!« Die kleinen, privaten Segeljachten waren der ungeliebten Konkurrenz nicht mehr gewachsen. 1835 quittierte die letzte ihren Dienst auf dem Rhein. Viele Schiffer wurden arbeitslos, nur wenige konnten auf den neuen Dampfern anheuern. Doch selbst wenn es ihnen gelang, war die Welt für sie keineswegs in Ordnung. Ferdinand Freiligrath, seit 1844 politischer Emigrant, schenkte den malochenden Männern im Höllenmaschinenkeller Gehör: »Im wollnen Hemde, halbernackt, vor seiner Esse muß er stehn!/Derweil ein König über ihm einschlürft der Berge freies Wehn!« Friedrich Wilhelm IV. (der sich die Rheinburg Stolzenfels von Schinkel luxuriös herrichten ließ) trug inzwischen Preußens Zepter in der Hand.

1853 konstituierte sich die Köln-Düsseldorfer-Rheindampfschiffahrtsgesellschaft. Ihre »Weiße Flotte«, die noch heute existiert, beförderte bis 1890 jährlich rund eine Million Fahrgäste. 1913 verdoppelte sich die Zahl beinahe. Im Rekordjahr 1928, kurz vor der Weltwirtschaftskrise, kletterte sie auf über 2,6 Millionen.

Eine Radierung von Conrad Felixmüller aus jenen Tagen zeigt auf dem Rhein zwischen den Dampfern dicht an dicht Frachter und Kähne vorbeifahren. Letzteren widmete Ringelnatz 1929 im »Simplicissimus« ein Gedicht:

Den Rhein durchgleiten die großen
Kähne. Breit und flach.
Es sitzen zwei Badehosen
Auf dem hintersten Dach.

In diesen Hosen stecken
Zwei Männer, nackt und braun.
Die lieben das Tempo der Schnecken
Und schimpfen auf ihre Fraun.
Und mustern die fremden Weiber,
Die strandlängs promeniern.

Glauben doch oft nackte Leiber,
Daß sie an sich imponiern.
Wie ausgetretene Schuhe
Sind diese Kähne. Hat jeder Kahn
Solch friedlich häusliche Ruhe,
Hat keiner das Getue
Der preußischen Eisenbahn.

In jedem Kinderwagen
Am Strande rollt ein Kind.
Keins dieser Kinder wird fragen,
Was Schleppkähne sind.

→ Vater Rhein liebstes Kind

DER LACHS KEHRT ENDLICH ZURÜCK

Ein Rheinsalm schwamm den Rhein
bis in die Schweiz hinein.

Und sprang den Oberlauf
von Fall zu Fall hinauf.

Er war schon weißgottwo,
doch eines Tages – oh!
da kam er an ein Wehr:
das maß zwölf Fuß und mehr!

Zehn Fuß – die sprang er gut!
Doch hier zerbrach sein Mut.

Drei Wochen stand der Salm
am Fuß der Wasser-Alm.

Und kehrte schließlich stumm
nach Deutsch- und Holland um.

Seit Christian Morgensterns Abgesang 1910 sollte es nicht mehr lange dauern, bis der Rheinlachs nahezu vollständig aus dem Rhein verschwand. Denn Staustufen und Wehre, Kraftwerke,

← Die Eltviller Aue ist eine der wenigen Rheininseln, die aus der Zeit des ungebändigten Stroms stammen und heute unter Naturschutz stehen

Abwässer und Gift vertrieben ihn in einer konzertierten Aktion. Auf daß er nimmer wiederkommen möge. Wie es denn auch geschah. Dabei fing die erzwungene Emigration aus dem Rhein, einst Europas reichstem Lachsreservoir, bereits um die Mitte des 19. Jahrhunderts an, als Vater Rhein ans Bett gefesselt und um ein Viertel gekürzt wurde: durch Begradigungen, Deiche und Buhnen. In der Folge erhöhte sich seine Fließgeschwindigkeit so stark, daß der Strom unzählige Inseln und Kiesbänke wegriß und der Lachs seine Ruhezonen und Laichplätze verlor. Gleichzeitig nahm die Tiefenerosion der Flußsohle zu und senkte damit das Grundwasser. Resultat: Wurden 1885 noch 250 000 Lachse im Rhein gefangen, ging es von nun an mit der »großen Fischerei« bergab. Und diese Entwicklung beschleunigte nicht zuletzt auch die Dampfschiffahrt.

Salmfänge hat man auch in anderen Gegenden des Rheins, aber der Lachs von St. Goar hat vor allen anderen den Vorzug. Dieser Fisch liebt ein tiefes, überschattetes, von engen, triebreichen Gräben durchschlungenes Bett, und alle diese Bedingungen vereinigen sich hier, wo der Schatten der hohen Ufer das Wasser selten verläßt und der zusammengepreßte Strom sich ein enges, aber tiefgefurchtes Geleise gewühlt hat. Das beste Fangwasser – der einträglichste Waag, wie die Schiffer sagen – ist aber die Werb, ein verborgener Strudel und Wasserfall oberhalb St. Goar, in der Nähe des Felsens, der Die Bank heißt [...] Dem Gewicht nach lieferte 1779 der Waag Werb nicht weniger als 8159 Pfund Salm. Hier hätten wir einen Anhaltspunkt zur Entscheidung der vielbesprochenen Streitfrage, ob die Ergiebigkeit des Salmfangs seit der Einführung der Dampfschiffahrt abgenommen habe. Man behauptet nämlich, der Fisch könne nicht mehr laichen, seit der Strom von den umgeschwungenen

Rädern so vieler Schiffe nie zur Ruhe gelange. Dem setzt man entgegen, daß der Lachs zu den Zugfischen gehöre, die im Frühjahr herdenweise aus dem Meer in die Ströme ziehen, und daß er im Rhein, seiner zu großen Tiefe wegen, nie gern gelaicht, vielmehr zu diesem Zweck von jeher Nebenflüsse aufgesucht habe, um hier seine Eier zwischen Steine oder in andere kleine Vertiefungen zu legen. Es ist übrigens Tatsache, daß die Salmfischer bei der Kölnischen Gesellschaft ihres Schadens wegen Klage geführt und zur Entschädigung freie Benutzung der Dampfschiffe zum Betrieb ihres Handels erwirkt haben.

Über den Rheinlachs und die Rheinlachsfischerei wird seit jeher geforscht und gelehrt, gedichtet und wie von Karl Simrock 1838 in seinem 500-Seiten-Opus über *Das malerische und romantische Rheinland* fabuliert. Und Malern galten jene Rheinsandbänke, in deren Boden die Fischer ihre kuriosen, hochsitzähnlichen Holzgestelle bohrten, um in den Flutwellen nach Lachsen zu suchen, stets als begehrtes Motiv. So auch für den Spätromantiker Jacob Diezler. Er schuf 1843 sein Lachsfischergemälde mit dem Titel »Die Loreley im Mondschein bei Nacht«. Das originellste historische Schriftstück zum Thema Lachs hinterließ Hildegard von Bingen, die Äbtissin, geboren 1098 zu Bermersheim bei Alzey in der Pfalz, mit ihrem *Liber subtilitatum diversarum naturarum creaturarum*, jenem »Buch von dem inneren Wesen der verschiedenen Naturen in der Schöpfung«:

Der Salm besteht mehr aus kalter als aus warmer Luft. Den Mond zieht er der Sonne vor und bewegt sich in der Nacht mehr als am Tage. Genau wie im Sonnenlicht schwimmt er, wenn der Mond scheint, viel in dessen Licht. Vielleicht ähnelt sein Fleisch auch ein bißchen dem Mond, es ist weich und

kraftlos. Es bekommt keinem Menschen, weil es alle schlechten Säfte in ihm anregt. Der Salm sucht den Boden der Gewässer und frißt solche Wurzeln und Kräuter, von denen er ohne weitere Nahrung eine Weile leben kann.
Der Mensch aber, der beim Zahnen eitert und dem die Zähne geschwächt werden und brüchig sind, der möge von den Knochen des Fisches pulverisieren und ein wenig trockenes Salz beigeben. Bei Nacht aber möge er dies Pulver oft um die Zähne legen und er möge den Speichel um das Zahnfleisch herausfließen lassen, es reinigt sein Fleisch um die Zähne herum und er wird gesund. Der Lachs besteht mehr aus warmer als aus kalter Luft. Er liebt den Tag und sucht den Grund des Wassers nur selten auf, sondern sucht die Kräuter, von denen er lebt, in mittleren Tiefen. Sein Fleisch ist gesünder als das des Salms und taugt gut als Speise für Gesunde. Kranke aber schwächt es ein bißchen. Das liegt daran, daß der Fisch aus warmer Luft besteht, die gesunden, also warmen Menschen zuträglich ist, kranken und deshalb kalten Menschen aber nicht.

Über den stromaufwärts steigenden Salm, den man in der ersten Jahreshälfte fing, und den stromabwärts wandernden Lachs, der in der zweiten Jahreshälfte in die Netze ging, wurden allerdings auch andere Meinungen laut. So charakterisierte manch einer den Salm ganz im Gegensatz zu Hildegard von Bingen als »köstlich in der Speiß«, statt dessen den Lachs als »gar schlecht zur Speiß«. Und oft genug purzelten die Begriffe fortan durcheinander oder wurden in Anlehnung an die Speisekarten unserer europäischen Nachbarn synonym gebraucht: *salmon* (englisch), *saumon* (französisch), *zalm* (niederländisch), *laks* (norwegisch), *losòs* (russisch), *lax* (schwedisch), *salmòn* (spanisch). Übrigens waren die St. Goarer Salmenfänge innerhalb des Rheinkessels an der Loreley seit Mitte des 15. Jahrhunderts weltberühmt, was mit der Tiefe des Wassers an den steilen Felswänden (bis zu 23 Meter) zusammenhing. Ein wahres Abenteuer für die Fischer, die allabendlich »auf die Waag« gingen.

Zwischen 1895 und 1966 wurden im Hochrhein elf Kraftwerke gebaut, wodurch sich dieser in eine Abfolge von langsam bis stehenden Gewässern verwandelte. Die Wehre unterbrachen die Wanderwege der Fische und vernichteten durch Überstau die Laichgründe. Die damals gebauten Fischpässe wurden zumeist nicht angenommen. Und trotz Schutzmaßnahmen gerieten abwärts wandernde Fische, auch Lachse, in Turbinen und wurden, so die bittere Bilanz der Internationalen Rheinschutzkommission, »zerfetzt«.

Spätestens seit der Zeit, als sich Radschlepper, Expreßdampfer und Kähne auf dem Rhein drängten, ging der Lachsbestand weiter drastisch zurück. So existierten 1925 noch fünf Salmenfänge oberhalb St. Goar. Durch einschneidende Flußkorrekturen wurden aber auch diese bald zerstört. »Rheinkohle statt Gold/Die Fische und die nackten Nymphen/ Sterben im Romantischen Wasser aus«, resümierte damals Ivan Goll. Dann kam das vorläufiges Aus – kein Lachs mehr weit und breit Anfang der fünfziger Jahre. Tief besorgt mußte die Rheinschutzkommission, die sich zwecks ärztlicher Betreuung ihres schwerkranken Patienten aus den Rheinanliegerstaaten kurz zuvor gegründet hatte, therapeutische Sofortmaßnahmen treffen. Doch immer neue Hiobsbotschaften zerstörten jede Hoffnung auf eine baldige Besserung: Ungeklärte organische Abwässer raubten dem Wasser seinen Sauerstoff, so daß die Fauna nicht mehr genügend Luft zum Atmen bekam. Schwermetalle, allen voran Quecksilber und Cadmium, verseuchten die letzten Fische und den

Rheinschlamm. »Das Wasser voll Öl und voll Ruß«, schalt 1972 Wolf Biermann in seiner Ballade von Leipzig nach Köln. Ähnlich stellte der amerikanische Lyriker Allan Ginsberg bloß: »Too much industry / No fish in the Rhine / Lorelei poisend.« Im Zuge der aufkommenden Ökologiebewegung setzten sich mehr und mehr Künstler mit der Rheintragödie auseinander: »Infusion – Rheinsanierung« lautete etwa 1970 der Titel einer Installation von Haus-Rucker & Co., jener aus Wien stammenden Architekten- und Künstlergruppe, die damals gerade nach Düsseldorf gezogen war. 660 Liter trübes, graubraunes Rheinwasser, überdeckt mit einer PVC-Folie, hatten sie in ein 151 x 237 Zentimeter großes Bettgestell »gelegt«. Die vier am Kopfende hängenden Infusionen mit wasserreinigenden Lösungen suggerierten dem Besucher des Patienten, daß dieser auf einer Intensivstation untergebracht ist. 1981 griff auch Joseph Beuys, Gründungsmitglied der Grünen, den alamierenden Zustand des Rheins in einer Arbeit auf: »Rhein Water Polluted«. Und Günther Ueckers »Rheinwasser geschöpft« 1983 (eine Installation aus einem Einweckglas mit schmutzigem Rheinwasser, toten Fischen und einer Ansicht der im Bombenhagel des Zweiten Weltkrieges zerstörten Stadt Köln) provozierte Zorn. Wie ein Pendant dazu wirkt die Geschichte vom Rheinfisch, zur selben Zeit erschienen von Friedrich Christian Delius:

Dieser da, Lachs oder Hecht, hatte den Rhein
Von unten gesehn, kannte Metallschlamm, Ölfleck,
Reichtum der Welt. So gut wie heut
Gings dem noch nie. Lachs oder Hecht, der schwamm
Ins Netz, zuckte im Netz des Beschützers, Erforschers
Des Flusses. Der wirft in sauberes Wasser das Tier,
Schon kracht, noch wünscht der Mensch ihm glückliches

Leben, der Schlag ins Genick Sauerstoff ins Blut.
Schreit der Fisch: Salze und Cadmium für meine
Kiemen! Hilfe! Blei her oder ich sterbe!
Und krepiert am Schock. Wieder bietet ein Toter
Das Beispiel, der Fisch.

Dann: der verheerende Brand in einer Lagerhalle der Sandoz AG in Basel-Schweizerhalle am 1. November 1986. Hochgiftige Pestizide gerieten mit Löschwasser in den Rhein und verursachten eine ökologische Katastrophe von bis dahin unbekanntem Ausmaß. Nicht zuletzt durch scharfe Abwasserkontrollen und das Aussetzen von Lachsbrütlingen und Lachseiern hat das Ärzteteam von Vater Rhein seither indes Erstaunliches erreicht: Es wandern nämlich wieder Lachse aus dem Meer den Rhein hinauf.

→ Gepflegter Müßiggang

In Wiesbaden

Das Schönste an Wiesbaden sind seine Villen. Als Junge bin ich gern an den Hängen und Höhen des Nerotals herumgestrichen. Es gibt da zwischen hohen Mauern, hinter denen sich die herrschaftlichen Besitze dehnen, gemauerte Fußsteige, in denen im Sommer der betäubende Duft des Jasmins sich fängt. Ich habe mit den empfänglichen Sinnen der Kindheit oft durch die vergitterten Pförtchen dieser Steige in die Parks gestarrt und einen Blick in offene Veranden zu erhaschen gesucht. Da ging mir etwas von der verfeinerten Lebenskunst, von dem, was Lebensstil ist, und von der Schönheit eines Lebens in Muße und im Genuß südlicher Landschaft auf.

Als junger Mann hingegen fühlte sich Karl Korn, der gebürtige Wiesbadener (Jahrgang 1908) und spätere Feuilletonist bei der Frankfurter Allgemeinen Zeitung, in der Lieblingsstadt des letzten Hohenzollern eigentlich nie recht wohl. Wiesbaden, der Glücksort, der Sommernachtstraum, war ihm fremd geblieben. Den zur Schau gestellten Luxus und die ewige Champagnerlaune empfand er als lästig und fad. »Dem Menschen, der hier wachsen will«, monierte auch der weitgereiste, um fast drei Jahrzehnte ältere Schriftsteller und Lyriker Alfons Paquet, »fehlt zu sehr der Werktag«:

← Ein Genius aus der Stuckdecke im großen Kurhaussaal in Wiesbaden - im Jahr 1987 wurde das klassizistische Meisterwerk komplett restauriert

Diese Stadt ist ein eigentümlich auseinandergezogenes Gewächs über den versteckten Vulkanen des mittelrheinischen Bodens, wie eingefüllt in einen Becher vor den Höhen des Taunus, die sie umziehen. Ihre Winter sind lau, ihre Sommer dumpf und glühend. In der Mitte kocht jene starke und heilende heiße Quelle, die den Einwohnern kaum noch etwas anderes ist als der Motor ihrer bürgerlichen Beschäftigungen. Überall sind Gasthäuser, Ärzte, Pensionen. Die ewige Dampfwolke des Brühborns wehte einst aus den Sümpfen und Wäldern empor, aber sie schlägt sich längst an die Glaswand der Kochbrunnenhallen nieder, in der unablässig die Prozession der Kranken und der Fremden wandelt. Es ist leicht, in der angenehmen Landschaft um Wiesbaden, die in viele Täler ausläuft und sich zum hellen offenen Rheingau hin verbreitert, ein Kind zu sein.

Aber – eben nicht ein Erwachsener mit ehrgeizigen Zielen, Plänen und dem Wunsch nach Herausforderung. Zu sehr dominierte mit dem Aufstieg zur Weltkurstadt das Pausieren, das Sich-gehen-Lassen, das Gepflegt-und-gehegt-werden-Wollen. Und zu sehr auch drückten jene legendären sechzig Goldmarkmillionäre Wiesbaden ihren Stempel auf. Ebenso die indischen Maharadschas, die afrikanischen und kalifornischen Goldwäscher, die mexikanischen Kaffeebarone, die russischen Großfürsten, die gekrönten Häupter Europas samt ihrem Diplomatencorps. In Wiesbaden gekurt, geschlemmt und teuer eingekauft zu haben zählte stets mehr, als dort aufgewachsen zu sein. Und darum auch ließen sich die Wiesbadener (im Unterschied zu den Mainzern) nie treffsicher charakterisieren. Das jedenfalls meint der Wiesbadener Gegenwartsautor Michael von Poser:

Wiesbaden hat keine bemerkenswerte, keine leicht bestimmbare Bevölkerung. [...] Wer sich hier endgültig niederließ, hatte sein Leben woanders gelebt, in Wiesbaden wollte er das Ende in Frieden abwarten. Es ist die Stadt des Rückzugs, der Entfernung aus dem Kampf ums Dasein, der Platz, wo Kräfte gesammelt werden oder endgültig verfallen.

Und für genau diese Zwecke bietet Wiesbaden mit seinen prächtigen Parks, Palmen, Platanen und prahlerischen Fassaden eine vorzügliche Kulisse. Keine Stadt weit und breit in Europa besitzt einen auch nur annähernd vergleichbaren Reichtum an Gründerzeitbauten. Wird allenthalben gesagt. Und wir glauben das. Außerdem wartet Wiesbaden mit bemerkenswerten Jugendstilschönheiten auf. Im frischen Weiß präsentiert sich seit kurzem etwa jenes Großbürgerhaus auf dem spitzwinkligen Grundstück an der Emser Straße. Von weitem sieht es wie ein Konditormeisterwerk aus, geeignet, sich mit den Jugenstilberühmtheiten der Darmstädter Mathildenhöhe zu messen. Nur diese aber gewannen bislang auf dem Laufsteg der Architekturschauen internationale Meriten.

Wiesbaden ziert sich nicht beim Kennenlernen, vielmehr zeigt es offenherzig, was es hat: zum Beispiel das »Historische Fünfeck« aus Schwalbacher-, Taunus-, Röder-, Wilhelm- und Friedrichstraße. Bauinspektor Johann Christian Zais, der 1808 auch das erste Kurhaus entwarf, hatte der Hauptstadt des soeben geschaffenen Herzogtums Nassau jenes Kleid angepaßt. Es sitzt noch heute, auch wenn seine Trägerin nicht unbedingt pfleglich damit umging und manch ein Ornament respektlos abgerissen hat. 1866, nach der Schlacht bei Königgrätz, übernahmen die Preußen die Regierungsgeschäfte in Hessen. Und namentlich Wilhelm II. erwies dem erholsamen Römerbad bald seine Gunst.

Im Schlepptau Seiner Majestät folgten vermögende Privatiers und Pensionäre. Und Gäste aus aller Welt. Wie diese in den damaligen Fünf-Sterne-Hotels empfangen wurden, illustriert Iwan S. Turgenjew, der in Berlin studiert hatte und sich während der Sommermonate nur allzu gern in Baden-Baden aufhielt, in seiner Novelle »Frühlingswogen« (1909):

Das Wiesbadener Hotel, vor dem der Wagen hielt, war ein reiner Palast. Sofort ertönten im Innern die Klingeln, es entstand ein Laufen und ein Radau; am Haupteingang sprangen schnell ein paar würdige Herren in schwarzen Fracks herum, ein goldtressenbeladener Schweizer riß mit Schwung den Wagenschlag auf.
Wie ein Triumphator entstieg Polosoff dem Wagen und ging die parfümduftende, teppichbelegte Treppe hinauf. Sofort flog ein Diener zu ihm heran, ebenfalls vorzüglich gekleidet, aber mit russischen Gesichtszügen; das war sein Kammerdiener. Polosoff bemerkte, daß er in Zukunft ihn stets mit sich nehmen wolle; denn am Abend vorher hatte man ihn, Polosoff, in Frankfurt ohne warmes Wasser für die Nacht gelassen! Der Kammerdiener drückte in seinem Gesicht Entsetzen aus, bückte sich flink und zog seinem Herrn die Galoschen aus.

Kammerdiener dieser alten Schule könnte man heute durchaus wieder gebrauchen, und zwar zur 24-Stunden-Bewachung von Diademen und Diamanten, welche fahrlässige Gäste in ihren Nachtschrankschubladen aufbewahren. Unlängst zumindest verschwanden solche in erheblichem Wert aus der Suite einer alten Wiesbadener Nobelherberge.

Solche Meldungen indes konnten die Badegöttin und die zum Feiern allzeit Bereite noch nie aus der Ruhe bringen. Wichtiger als das, was sich hinter dem Vorhang des tagtäglich neu aufgeführten Luststücks abspielte, war immer die Außendarstellung. Und die beherrschte Wiesbaden spätestens seit der Ära Carl von Ibells, dem dreißig Jahre lang amtierenden Oberbürgermeister, perfekt: Zwischen 1883 und dem Vorabend des Ersten Weltkrieges gab er die eleganten Alleen, mit Fontänen geschmückten Gärten und eine Fülle an Bauten in Auftrag – darunter den Hauptbahnhof, die Landesbibliothek, das Museum, das Rathaus, das Theater und auf besonderen Wunsch des deutschen Kaisers das neue Kurhaus: »Das schönste Kurhaus der Welt!« Die Fresken allerdings in der Südhalle, die der Jugendstilkünstler Fritz Erler schuf, sagten Wilhelm II. überhaupt nicht zu. Demonstrativ weigerte er sich darum bei den Einweihungszeremonien, diese überhaupt in Augenschein zu nehmen. In der Hofloge des Wiesbadener Theaters jedoch, welches ihn nachgerade in Entzücken versetzte, soll er, der gern hoch zu Roß saß, seiner Eitelkeit gefrönt haben. »Angetan wie ein Pfau, mit den Blicken ins Publikum«, so Golo Mann über den vergnügungssüchtigen Monarchen, »Schnurrbart streichend, huldvoll strahlend, das war seine Art«. Und diese färbte umgekehrt auf die Wiesbadener ab.

Als Goethe, der von den Lokalreportern am liebsten erwähnte Kurgast, 1814 zur ersten Rundumerneuerung in die nassauische Badestadt kam, hielt sich das Flair noch in bescheidenem Rahmen. Das lag im wesentlichen in dem Umstand begründet, daß es im einstigen »Wisibada« (abgeleitet aus dem althochdeutschen »wisa« = Wiese oder »visi« = wissend, weise, heilend und dem althochdeutschen »bada« = Bad) in unmittelbarer Nachbarschaft zu den Badhäusern noch eine Menge Landwirtschaftsbetriebe gab. Gänse liefen umher, Schweine wurden über die Langgasse zur Eichelmast an der Platter Straße getrieben, Mistwagen luden ihre Fuhren ab, was unter den Badegästen nicht gerade für gehobene Stimmung sorgte. Auch die Bäder selbst boten Anlaß für Kritik. Wegen der starken Hitze des Heilwassers, das mindestens 24 Stunden zum Abkühlen benötigte, wurde dieses beispielsweise nur einmal täglich gewechselt – mit dem Resultat, wie ein gewisser D.F. Merveilleux bereits 1739 in seinen *Amusements des Eaux de Schwalbach, des Bains de Wisbaden et de Schlangenbad* zum Besten gab, »daß man in dem verschmutzten Wasser baden muß, das andere am Morgen hinterlassen haben, verschmutzt vom Körperschweiß als auch von Urin, den alle Personen in den Bädern herauslassen«. Von Goethe wird erzählt, daß ihn der Wiesbadener Aufenthalt darum zu einem Frühaufsteher erzogen habe.

Von Frankfurt aus, wo der Herr Geheimrat siebzehn Jahre lang nicht mehr gewesen war, reiste er mit seiner eigenen Kutsche, dem »Fahrhäuschen«, an. Schon seit längerem hatte er sich »kränklich und niedergeschlagen« gefühlt, bedingt auch durch den Waffenlärm der Napoleonischen Kriege, so daß es ihm zu einem dringenden Bedürfnis geworden war, in die »Bäder am Rhein« zu fahren. Nach dem Abschluß seiner *Wahlverwandtschaften* befaßte er sich in dieser Zeit intensiv mit Werken der Orientalistik (die spätere Sammlung des *West-östlichen Divans* nannte er damals noch »Gedichte an Hafis«) und sehnte sich nach innerer Verwandlung, nach einem Neubeginn. Karl Friedrich Zelter, der um rund zehn Jahre ältere Komponistenfreund und Begründer der »Liedertafel«, hatte alles vorbereitet und die Zimmer bestellt. Am 30. Juli heißt es in Goethes Tagebuch:

Erste Einrichtung. Im Weißen Adler. Gedichte an Hafis abgeschrieben. Mit Zelter spazieren. Nächste Umgebung. Boskett. Kursaal. Frühstück. Table d'Hote. Graf Henckel [...] Mit Zelter spazieren. Steinbruch. Stadtmauer. Schützenhof. Kirchhof.

Wolzogens Grab. Alte Mauer. Für mich. Abends Zelter Hafis. Leidlich warm.

Wiesbaden zählte damals ungefähr 3500 Seelen. Zweistöckige Herrschaftshäuser säumten den Wiesbadener Markt. In der neugegründeten »Öffentlichen Bibliothek zum Gebrauch der Staatsbeamten des Herzogtums Nassau«, der späteren Hessischen Landesbibliothek, wurden die aus dem Kloster Eibingen frisch erworbenen Hildegardis-Codices aufbewahrt. Goethe ließ sich diese wertvollen Handschriften von Bernhard Hundeshagen, dem Bibliothekar, zeigen und berichtete seiner Frau, daß ihm dieser gewiß noch »viel zu Freude und Nutzen sein« werde. Doch zuallererst ging es dem Minister des Weimarischen Staates um eine erfolgreiche Kur. 22 Bäder nahm er innerhalb von 26 Tagen.

Auf dem zweiten Platz nach Goethe steht auf Wiesbadens literarischer Gästeliste unbestritten Fjodor M. Dostojewski. 1863 besuchte er zum erstenmal die Stadt – wenige Jahre zuvor hatte die Musikelite Station in Wiesbaden gemacht: Carl Maria von Weber, Robert Schumann, Nicolo Paganini, Richard Wagner, Franz Liszt, Felix Mendelssohn-Bartholdy. Doch anders als sie, die vor allem mit Konzerten brillierten, wurde der russische Schriftsteller ob seiner Roulettesucht zum Stadtgespräch, und das um so mehr, als das Casino ohnehin eben erst erregte Debatten entfacht hatte: Wie überall in Deutschland wurde nämlich auch in Wiesbaden zu Beginn des Jahres 1849 jeglicher Spielbetrieb per Reichsgesetz aufgehoben, weil man den Ruin spielbesessener Bürger und damit auch den Ruin der Stadt, die für diese dann aufkommen mußte, verhindern wollte. Das Spielverbot währte allerdings nur bis zum Scheitern der Frankfurter Nationalversammlung. Von da an feierten Leichtsinn und Übermut wieder ihre

Orgien, brach das Spielfieber – schlimmer als je zuvor – wieder aus.

Wohl nirgends in der Welt ist ein bunteres Durcheinander, eine gemischtere Gesellschaft zu finden, als dorten am grünen Tische, wo die Goldrollen zu Bergen aufgestapelt, wo die Bankbillets in mächtigen Paketen zwischen den vergoldeten Spangen ihres Behälters so verlockend hervorlugen, als wollten sie sagen: »So komme doch, du Auserwählter Fortunas! Du brauchst ja nur die Hand auszustrecken nach mir, und alles, alles ist dein; alle Genüsse, die das Leben zu bieten vermag, stehen dir zu Gebote!« Und keine zwei Schritte davon steht der Mann, der Unglückliche, lechzend nach dem Mammon, wie der Wanderer der Wüste nach Wasser, und sein unstetes Auge sieht diese Berge von Gold, diese mächtigen Pakete von Bankbillets, er sieht, wie die Goldmassen über den grünen Tisch dahinfliegen, um den Berg, den gewaltigen, den ein glücklicher Spieler vor sich auf dem Tische liegen hat, noch zu vergrößern. Er hört das Klappern der Goldstücke und das Knistern der Bankbillets, und seine Sinne wirbeln wild durcheinander; vor seinen Augen verschwimmt Himmel und Hölle. Er vergißt Pflicht, Familie, Ehre, Liebe und Glauben und behält nur das eine, die Hoffnung, nein, nicht die Hoffnung, sondern die unersättliche Gier nach den Reichtümern, die sein Auge sieht, an die sein irrer Blick sich festsaugt, wie der Vampyr an sein Opfer.

Der dies 1873 in einem Buch mit dem Titel *Die Geheimnisse des Grünen Tisches* niederschrieb, war ein altgedienter Wiesbadener Croupier. Er hatte das Glück nicht nur auf seiner Seite, sondern auch schwarz auf weiß in seinem Ausweis stehen, denn er hieß J. Christian Glücklich, Verfasser zudem eines Dramas und zahlreicher Possen. Und er hatte Tausende von Gesichtern am »Kommunetisch« für kleinere Einsätze, im Roten Saal für Talereinsätze und im Weißen Saal, wo nur Goldwährung akzeptiert wurde, gesehen. Angeheizt von der Macht des Geldes, dem großen Dreh, waren sie alle, der eine mehr, der andere weniger. Doch wohl keiner hinterließ in der Wiesbadener Spielbankbiographie dauerhaftere Spuren als der russische Schriftsteller Fjodor M. Dostojewski. Vor seinen Gläubigern nach »Roulettenburg« geflüchtet, verlor der 44jährige den gesamten Vorschuß, den ihm sein Verleger für zwei Bücher gezahlt hatte: 3000 Rubel. Wie von einem Sog wurde *Der Spieler* Abend für Abend tiefer in den Abgrund gezogen, wobei es freilich immer wieder Momente der Hoffnung gab, des Glaubens an ein Wunder.

Nur dies eine Mal im Verlauf des ganzen Abends lief mir die Furcht eiskalt über den Rücken, und ich begann an Händen und Füßen zu zittern. Mit Entsetzen kam mir plötzlich zu Bewußtsein, was es für mich bedeutete, wenn ich nun verlor! Ich hatte mein ganzes Leben eingesetzt!
»Rouge!« rief der Croupier – und ich atmete auf. Es kribbelte mir am ganzen Körper. Man zahlte mir in Banknoten aus; demnach besaß ich schon viertausend Gulden und achtzig Friedrichsdor! (Ich konnte damals noch zählen.)
Darauf, so entsinne ich mich, setzte ich zweitausend Gulden wiederum auf die mittleren Zahlen und verlor; ich setzte dann mein Gold und achtzig Friedrichsdor und verlor wieder. Mich überkam eine Art Raserei: ich ergriff die letzten zweitausend Gulden, die mir geblieben waren, und setzte auf die ersten zwölf Ziffern, so auf gut Glück, aufs Geratewohl, ohne zu berechnen! In einem Augenblick der Erwartung hatte ich ein Gefühl, das vielleicht der Entspannung Madame Blanchards

glich, als sie in Paris von dem Luftballon auf die Erde flog. »Quatre!« rief der Croupier.

Nun besaß Dostojewskis *Spieler*, seinem Erfinder gleich, wiederum 6000 Gulden. »Faites votre jeu« – Machen Sie Ihr Spiel! Die nächste Runde. Die Kugel fiel. In dem rauchgeschwängerten Saal konnte man eine Stecknadel fallen hören.

Schwarz kam heraus. Von da an weiß ich weder, wie ich berechnete, noch, wie ich im einzelnen setzte. Ich entsinne mich nur wie im Traum, daß ich, wie es scheint, schon sechzehntausend Gulden gewonnen und plötzlich mit drei unglücklichen Einsätzen zwölftausend davon wieder verloren hatte (...) Ich klammerte mich an gewisse Zahlen und Chancen, bald aber gab ich das wieder auf und setzte fast unbewußt. Ich muß wohl sehr zerstreut gewesen sein; ich entsinne mich, daß die Croupiers mehrere Male mein Spiel berichtigten. Ich machte grobe Fehler. An meinen Schläfen rann der Schweiß herunter, und meine Hände zitterten. Auch jene Polen kamen herbeigesprungen und boten mir ihre Dienste an. Ich hörte aber auf niemanden. Das Glück ließ mich nicht im Stich! Plötzlich erhob sich lautes Sprechen und Lachen. »Bravo, bravo!« riefen alle, und einige klatschten dabei in die Hände. Ich hatte auch dort dreißigtausend Gulden errafft, und man schloß wiederum die Bank bis zum nächsten Tag.
»Gehen Sie fort, gehen Sie doch weg«, flüsterte mir eine Stimme von rechts zu. Es war irgendein Frankfurter Jude; er hatte die ganze Zeit neben mir gestanden und, wie mir scheint, mir bisweilen im Spiel geholfen.
»Um Gottes willen, gehen Sie weg«, flüsterte mir eine andere Stimme in mein linkes Ohr.

Aber der Spieler blieb. Und hinterließ seiner Nachwelt jenen gleichnamigen Roman, den er seiner späteren Frau Anna Gregorijewna binnen 26 Tagen diktiert haben soll. Das war 1865.

Mit dem Ende der Kaiserzeit, ein gutes halbes Jahrhundert später, war alle Herrlichkeit vorbei – ein Schock, unter dem Wiesbaden schwer gelitten hat und von dem es sich nie wieder erholte. Den honorigen Kurgast löste der Kassenpatient ab; Beamte eroberten mit dem Einzug von Statistischem Bundesamt und Bundeskriminalamt die Stadt. Trotzdem: Gefeiert wird weiterhin, vorzugsweise im Kurhaus. Daß man sich dort allerdings »überißt«, wie weiland Goethe in Anbetracht von »Salmen mit Gelée« befürchtete, gehört endgültig der Vergangenheit an. Die Preise haben sich der Größe der Teller (nicht zu verwechseln mit den Speisen!) angepaßt. Doch das nimmt man gerne, zumal auf der Terrasse mit Kaiserwetter, in Kauf.

→ Wo der Rhein seinen Seitensprung macht

Auf dem Leinpfad nach Eltville

So komme ich am liebsten in die Stadt hinein: zu Fuß auf dem alten Weg den Rhein entlang von Walluf nach Eltville. Hier ist man für eine Stunde mit dem Leinpfad und dem Rhein allein. Es geht meistens etwas Wind vom Wasser her, das Ufer wechselt ständig sein Aussehen. Durchgehend wird es von großen und kleinen Weidenbäumen gesäumt, und immer gibt es schöne Ausblicke auf das Wasser, das durchaus nicht mit sich alleine ist! Da gibt es die Lastkähne stromauf und -ab, die großen und kleinen Dampfer, Segelboote, Motorboote, Yachten, seit einiger Zeit auch Surfer.
Jedes einzelne Geschehen ist faszinierend und in irgendeiner Weise spielerisch und unordentlich, voller Spannung. Eine geordnete Bahn haben nur die Schleppkähne, mit oder ohne Fracht, und die Personendampfer, die ihren festen Fahrplan besitzen. Alles Kleine, Schnelle darumherum, davor und dazwischen scheint ein einziger Übermut. Und trotzdem spielt sich alles nach Gesetzen ab, die ein bißchen anders sind als die der Straße.

Wir besuchen Eltville von einer anderen Seite aus als die gebürtige Schiersteinerin Wilma Weidmann, deren *Impressionen aus dem Rheingau* 1994 zu den wenigen literarischen Neuerscheinungen über die Sehnsuchtslandschaft des 19. Jahrhunderts gehören. Biegen hinter dem Empfangsgebäude von Matheus

← Die Pfarrkirche St. Peter und Paul zu Eltville

Müller (MM), der hier 1835 eine der ersten deutschen Sektkellereien gründete, in die Marktstraße ein und schlendern von dort durch die im einstigen Stil neugeplasterten Gassen der sanierten Altstadt. Wie Puppenstuben sehen die kleinen Fachwerkhäuschen aus, mit ihren Fensterläden, Blumenkästen, Spitzengardinen. Die Stadtväter wachen heute mit Argusaugen über die Eltviller Altbausubstanz und machen von ihrem Vorkaufsrecht an jedem zur Disposition stehenden Objekt Gebrauch – damit nichts verscherbelt und verschandelt werde, wie es in den siebziger Jahren um ein Haar mit dem Eltviller Rheinufer geschah. Landesbürokraten mit Neigung zu Zynismus und Banausentum wollten die »Riviera des Rheins« in eine Autobahn verwandeln. Woraufhin eine Bürgerinitiative (die erste bundesweit) auf den Plan trat. Darin spielten Erich Kopitzke, Karl Korn und Edmund Gassner eine führende Rolle. Auf den Bänken unter den Platanen nahe dem Weinprobierstand am Rhein wird immer wieder darüber »geschwätzt«. Vor allem über die Ortsfremden, die sich unfreiwillig zu erkennen geben, weil sie Eltville zumeist französisch aussprechen. Dabei leitet sich der Name (mit Betonung auf der ersten Silbe) von »Alta Villa« ab – der lateinischen Bezeichnung für eine hochgelegene Siedlung. Die wiederum führen Archäologen darauf zurück, daß zur Zeit der Römer in Eltville ein römischer Gutshof existiert hat. Sofort ist man mitten im Gespräch. Bis die Sonne untergeht. Wollen doch die »Verzehlcher« über die »älteste Stadt im Rheingau« kein Ende nehmen:

Als Zuflucht und zum Schutze im Krieg bestimmt, ist die Burg im Krieg entstanden. Im Kampf gegen die auf ihr vermeintliches Recht pochenden Mainzer Bürger und gegen einen Rivalen auf dem erzbischöflichen Stuhl hatte der Erzbischof Balduin von Trier im Jahre 1330 mit dem Bau begonnen. Seinen Mainzer Gegnern wollte er damit im wahren Sinne des Wortes das Wasser abgraben, nämlich ihnen den lebenswichtigen Wasserweg des Rheines abschneiden. Um seiner vorläufigen Residenz nach außen hin ein größeres Ansehen zu geben, erwirkte er 1332 von seinem Gönner, Kaiser Ludwig dem Bayern, die Begabung des Ortes Eltville mit den Freiheiten eines Stadtwesens. Die Eltviller, zumal der Adel, haben später das Ihrige dazu getan, und noch heute besitzt Eltville etwas vom Flair einer kleinen Residenzstadt.

Recht hat Heinz Biehn, der dies in seinem hübschen Rheingaubuch mit dem von Kleist entliehenen Untertitel »Lustgarten der Natur« (1970) erzählt. Denn wenn man von der Burg Richtung Sektkellerei MM (letztere freilich gehört seit langem schon nicht mehr den alteingesessenen Eltviller Müllers, sondern einem kanadischen Konzern) über den Platz von Montrichard promeniert, kann man sich durchaus vorstellen, wie jene Beneidenswerten hier in ihren Barockschatullen, Biedermeierhäusern und Fin-de-siècle-Bauten lebten. »Man sieht schöne Kinder und erwachsen wohlgebildete Menschen«, beobachtete Goethe im Spätsommer 1814 auf seinem Weg zum *Sankt Rochus-Fest zu Bingen*, »alle haben ein ruhiges, keineswegs ein hastiges Aussehen«. Und alle, so ließe sich ergänzen, strahlen Stolz und Selbstbewußtsein aus. Stolz auf die große, gemeinsame Geschichte mit Kurmainz; Selbstbewußtsein als Erben berühmter Eltviller Bürger und Bürgerinnen – darunter etwa Henriette Caroline Langwerth von Simmern, die Mutter des Reichsfreiherrn vom Stein: Der Stockheimer Hof auf dem Langwerthschen Gutsgelände wurde am 15. September 1721 ihr Gebursthaus. Der Vater, Philipp Rheinhard Langwerth von Simmern (zunächst Haushofmeister, dann Oberjägermeister am Baden-Durlachschen Hofe) hatte diesen 1711 gekauft. 1712 zog er von der zu eng gewordenen Burg im benachbarten Hattenheim kommend mit Ehefrau Christine von Gemmingen und den gemeinsamen Sprößlingen Carl Philipp und Johanna Christiane dort ein. Henriette Caroline war das siebte Kind in der Freiherrlichen Familie; zwei weitere sollten folgen: Maria Franziska und Maria Anna. Der Stockheimer Hof mit dem sechseckigen Treppenturm und Fachwerk-Erker unter dem steilen Satteldach ist das älteste Gebäude des Langwerthschen Besitzes; die Grundsteinlegung geht auf das Ende des 15. Jahrhunderts zurück. Nördlich gegenüber liegt der Lichtensternsche Hof aus rotem Sandstein, nachempfunden der Renaissance. Diesen gönnte sich 1669 der schwedische Gesandte des Mainzer Erzbischofs, Habbäus von Lichtenstern (ein guter Freund auch des Philosophen Gottfried Wilhelm Leibniz, der seit 1667 ebenfalls im Dienst des Mainzer Kurfürsten stand). Ein weiteres (inzwischen jedoch veräußertes) Langwerthsches Haus liegt in der Burghofstraße, müde und sanierungsbedürftig. In dessen Vorgängerbau, der 1631 nach schwedischen Attacken in Flammen aufging, wohnte Friele Gensfleisch, der älteste Bruder von Henne Gensfleisch, alias Gutenberg. Gutenberg selbst, vermuten die Stadthistoriker, lebte in Eltville nie. Auch nicht, nachdem ihm Adolf II. von Nassau 1465 in der Burg hohe Ehren erwies – die einzigen, die der von Mainz enttäuschte, inzwischen fast erblindete Erfinder der Buchdruckerkunst je erhielt. Er wurde zum Hofmann gekürt:

Wir wollen ihm auch diesen Dienst, solange er lebt, nit aufkündigen, und damit er ihn desto besser versehen möge, wollen wir ihn alle Jahr, wenn wir unsere Dienerschaft kleiden, gleich unseren Edelleuten kleiden und ihm unsere Hofkleidung geben lassen. Auch wollen wir ihm jedes Jahr zwanzig Malter Korn und zwei Fuder Wein zur Gebrauchung seines Hauses geben unter der Bedingung, daß er sie weder verkaufe noch verschenke. Diese Gaben sollen ihm frei, ohne Lager- und Wegegeld in unsere Stadt Mainz gebracht werden. Auch soll er, solange er lebt, und unser Hofmann ist und bleibt, von allen Wach- und Folgediensten sowie von allen Steuern und Abgaben, die wir von anderen Bürgern unserer Stadt Mainz verlangen oder noch verlangen werden, gnädiglich befreit sein.

Am Ende der Burghofstraße schließt sich der Kreis zur trutzigen Burg mit ihrem schneeweißen Vierkantturm, den zierliche Ecktürme flankieren. In diesem baugeschichtlichen Juwel ist eine Gutenberg-Gedenkstätte untergebracht, außerdem eine Galerie mit alten Stichen und Aquatintagrafiken, auf denen immer wieder das Dreigestirn von Eltville abgebildet ist: die kurfürstliche Burg, die Pfarrkirche und die Burg Crass (letztere seit kurzem als Wein- und Sektrestaurant umgebaut). Viele der Künstler tragen englische und französische Namen. Aber es ist auch der im Hunsrück geborene Johann Adolf Lasinsky mit seinen Steindrucken dabei; diese erschienen 1829 als *Skizzenbuch* in Frankfurt am Main.

Rosen über Rosen wachsen an den Burgmauern hoch, blühen in den Burggräben: auserlesene Strauchrosen des Barock und Biedermeier, Kaskadenrosen, Moosrosen, Kletterrosen, Wintergartenrosen, die Eltviller Rosenzüchtungen Veilchenblau und Tausendschön. Rosen und Reben: Beide sind Wahrzeichen der Stadt, die bis 1803 Hauptstadt des Rheingaus war und heute einem Bühnenbild aus frisch gestrichenen, mittelalterlichen Requisiten ähnelt: ein Zierfachwerk schöner als das andere, blankgeputzte Türklopfer, Innenhöfe voller Grün. Böttcher, Schröter und Küfer gingen hier jahrhundertelang ihrem Handwerk nach, desgleichen Fuhrknechte, Fischer und Schiffer, unter letzteren auch jene »Elite«, die das Marktschiff von Eltville nach Mainz steuerte, wo jeden Dienstag und Freitag Obst- und Gemüsemarkt war. Die Eltviller genossen das Privileg, ihre Waren zollfrei anzubieten.

Durch das Martinstor, das noch einzig erhaltene Stadttor, gelangen wir am Rande des noblen Eltzer Hofes in die holprige Rosengasse und von dort zum spätgotischen Gotteshaus St. Peter und Paul, der ältesten Pfarrei im Rheingau. Nachdem 1686 ein Blitz in die Turmspitze einschlug, ersetzte man diese durch eine barocke Haube. Anno 1500 bereits hatte der »Meister mit dem Brustlatz« die schöne Madonna geschaffen, die sich auf einer von zwei Engeln getragenen Mondsichel erhebt. Siebzehn Jahre später war der Taufstein in die Kirche eingekehrt, aus Eifeltuff gefertigt von dem Mainzer Bildhauer Backoffen. In unseren Tagen entstanden drei prächtige Glasfenster, entworfen von Jupp Jost, welcher der Ikonographie den Titel »Der Wein in der Bibel« gab. Unter einer Rebenlandschaft steht da zunächst Noah, der Weise, der Überlebende der großen Flut, der »als erster einen Weinberg« pflanzt. Der Arche kaum entstiegen, verfällt er jedoch der Verführung des vergorenen Traubensafts. »Und da er von dem Wein trank, ward er trunken und lag im Zelt aufgedeckt.« In Königsblau und Blutrot, Honiggelb und Hellgrün leuchten die Farben der Glasmalerei die weiteren Bildgeschichten aus: angefangen von den *Kundschaftern* über *Christus in der Kelter* und die *Bösen Weingärtner* bis hin zum *Abendmahl*, der *Hochzeit zu Kana* und den *Arbeitern im Weinberg*. Ein kleines Heft über die Symbolsprache der Eltviller Kirchenfenster, das am Portal ausliegt, motoviert zum weiteren Nachlesen, auch zum Ausschauhalten andernorts in Rheingauer Kirchen nach Traubenmadonnen und dem Weinheiligen St. Urban – die prächtigsten Exemplare finden sich in Hallgarten, Lorch und der Basilika zu Mittelheim und reichen zurück in die Mitte des 14. Jahrhunderts.

In Eltville schütteln sich Ernstes und Heiteres, Schweres und Leichtes – wie wohl in allen »Rheinnestern« – rasch wechselnd die Hand. Geknickt ist man allerdings darüber, daß die großen Namen der Literatur, vor allem die der deutschen Romantik, ihr Städtchen kaum bedachten. Thomas Mann wenigstens ließ seinen *Felix Krull* hier aufwachsen (»Der Rheingau hat mich hervorgebracht!«), den Sohn des Sektfabrikanten Engelbert Krull:

Unten am Rhein, nicht weit von der Landungsbrücke, lagen ihre Kellereien, und nicht selten trieb ich mich als Knabe in den kühlen Gewölben umher, schlenderte gedankenvoll die steinernen Pfade entlang, welche in die Kreuz und in die Quere zwischen den hohen Gestellen hinführten, und betrachtete die Heere von Flaschen, die dort in halb geneigter Lage übereinandergeschichtet ruhten. Da liegt ihr, dachte ich bei mir selbst (wenn ich auch meine Gedanken natürlich noch nicht in so treffende Worte zu fassen wußte), da liegt ihr in unterirdischem Dämmerlicht, und in euerem Innern klärt und bereitet sich still der prickelnde Goldsaft, der so manchen Herzschlag beleben, so manches Augenpaar zu höherem Glanze erwecken soll! Noch seid ihr kahl und unscheinbar, aber prachtvoll geschmückt werdet ihr eines Tages zur Oberwelt aufsteigen, um bei Festen, auf Hochzeiten, in Sonderkabinetten eure Propfen mit übermütigem Knall zur Decke zu schleudern und Rausch, Leichtsinn und Lust unter den Menschen zu verbreiten. Ähnlich sprach der Knabe; und so viel wenigstens war richtig, daß die Firma Engelbert Krull auf das Äußere ihrer Flaschen, jene letzte Ausstattung, die man fachmännisch die *Coif-*

fure nennt, ein ungemeines Gewicht legte. Die gepreßten Korke waren mit Silberdraht und vergoldeten Bindfaden befestigt und mit purpurrotem Lack übersiegelt, ja, ein feierliches Rundsiegel, wie man es an Bullen und alten Staatsdokumenten sieht, hing an einer Goldschnur noch besonders herab; die Hälse waren reichlich mit glänzendem Stanniol umkleidet, und auf den Bäuchen prangte ein golden umschnörkeltes Etikett, das mein Pate Schimmelpreester für die Firma entworfen hatte und worauf außer mehreren Wappen und Sternen, dem Namenszuge meines Vaters und der Marke *»Loreley extra cuvée«* in Golddruck eine nur mit Spangen und Halsketten bekleidete Frauengestalt zu sehen war, welche, mit übergeschlagenem Beine auf der Spitze eines Felsens sitzend, erhobenen Armes einen Kamm durch ihr wallendes Haar führte. Übrigens scheint es, daß die Beschaffenheit des Weines dieser blendenden Aufmachung nicht vollkommen entsprach.

Angesichts der »Giftmischerei« des Eduard Krull mundet uns der Rieslingsekt im Koegler'schen Garten doppelt gut. Das Patrizierhaus dieser Eltviller Winzerfamilie, die weit über den Rheingau hinaus treue Gäste hat, beherbergt eine rustikale Weinstube nach guter alter Art. Hof Bechtermünz lautet seit über einem halben Jahrtausend die Adresse, benannt nach den Brüdern Heinrich und Nikolaus. Unter Anleitung von Gutenberg, dem nahen Verwandten, druckten sie hier Anno 1467 das »Vocabularium Ex quo«. Die Etviller Geschichte, oft genug mit den Fäden der Weltgeschichte verwebt, füllt ganze Regale mit Monographien. Ein nicht unerheblicher Teil der Lektüre erledigt sich von selbst, wenn man bei Koegler zusammenrückt: »Horchemol!«

→ Auf der Suche nach der Stille

Kloster Eberbach

In dem stillen Waldtal des Kisselbaches liegt einsam Eberbach mit dem erhabenen Frieden einer großen Vergangenheit. Pracht umfängt uns nicht, wenn wir durch den barocken Torbogen die weitläufigen Gebäude vor uns sehen, die von den grauen Mönchen St. Bernhards von etwa 1135 an wie ein frommer Vorposten gegen das rauhe Waldgebirge hingeworfen wurden. Aber Wucht, Größe, Schwung, Ordnung stehen vor unseren Augen. Graurot heben sich die Bauten gegen das Grün der Wälder ab. Die harten Mönche, die bis 1803 hier werkten, hatten neben dem Gotteslob vor allem den Auftrag, mit ihren Händen zu arbeiten. Dem Walde Boden abzuroden und milde Früchte an Stelle der Brombeeren zu ziehen, galt ihnen mehr, als gelehrte oder kunstvolle Werke zu hinterlassen. In 700 Jahren hat die Abtei keinen einzigen Heiligen, keinen Künstler, keinen nennenswerten Gelehrten hervorgebracht.

Heiterer Rheingau heißt Heinrich Reicherts Büchlein von 1959, aus dem diese Zeilen stammen – illustriert mit historischen Fotos und Tuschezeichnungen des Rüdesheimer Malers Willi Probst. Unter Sammlern ist es sehr begehrt. Denn es zählt zu jenen eher raren literarischen Zeugnissen, die den Rheingau wenige Jahre vor seiner »verkehrstechnischen« Erschließung porträtieren.

Hitze kündigt sich an diesem Sommertag an. Das spüren wir schon in aller Herrgottsfrühe, obwohl hier um das Kloster herum stets niedrigere Temperaturen als andernorts im Rheingau

gemessen werden. Die Busse sind noch nicht da. Und die Bagger und die Baufahrzeuge, die zu letzten Arbeiten im Rahmen der Grundsanierung angeheuert wurden, liegen noch im Schlaf. Um diese Zeit gehört das Kloster den Rauchschwalben. Halsbrecherisch stürzen sie durch die ersten Sonnenstrahlen im Innenhof, um ihre ungnädigen Jungen mit Nahrung zu versorgen. Im Kreuzgang überall die halben Nester: an den Rosetten, an den Kapitellen, an den Kanten der Bögen. Eines soll sogar mal auf einer Lampe im Cabinet-Keller geklebt haben, sagt die Frau von der Kasse, die jeden Morgen eine der ersten in Eberbach ist. Ob wir sie über die Klostergasse in den alten Speisesaal, das Laienrefektorium, begleiten möchten? Natürlich, sehr gern. Denn dort, wo die Laienbrüder, auch Konversen genannt, ihr kärgliches Mahl einnahmen, könne man die Klosterschwalben besonders gut beobachten. Tatsächlich, ganz oben an den ummantelten Säulen sind gleich mehrere Nester zu sehen.

Die Besucher würden immer nicht glauben, daß die Schwalben wieder herausfinden. Durch das Tor. Doch sie finden ihren Weg. Mühelos. Und wenn sie dann draußen sind, wie jetzt, ist alles ganz still. Schon in wenigen Sekunden aber sind sie wieder da. Fängt das Geschrei von vorne an. Dabei werden die Schwalben zu exzellenten Klosterführern. Mit ihren Flugschleifen nämlich lenken sie die Blicke aufs Detail. Zum Beispiel auf die braunschwarzen Flecken dicht an dicht auf dem Gestein des behäbigen Gewölbes – Überbleibsel des einstigen Schimmelbelages aus jenen Tagen, als dieser älteste Eberbacher Klostersaal als Weinkeller genutzt wurde. Oder auf die Risse in den jahrhundertealten Dockenkeltern, jenen mächtigen, aus Holzstämmen gezimmerten Weinpressen, die noch immer funktionstüchtig, aber

← Säulenkapitelle im Kloster Eberbach

schon lange nicht mehr in Gebrauch sind und die nun – aufgereiht wie Zeitzeugen – zwischen den Säulen stehen. Hier, wo über zweihundert der grauen Kuttenträger Platz fanden. Zu Brot und zu Wasser. Wein stand nicht auf dem Tisch, weil es der Abt nicht gestattete. »Früher gab es an dieser Stelle, etwas abgeteilt, auch eine kleine Kapelle, in der sonntags Messe war und an Fronleichnam Prozession. Da lernte man das Kloster ganz anders kennen. Wunderschön, morgens um acht Uhr!«

Allmählich wacht das Kloster auf. Erste Türen klappen. Das Licht verliert seinen unberührten Charme. In der Orangerie, hinter der Basilika, begegnen wir dem Gärtner, der gerade mit seinem Tagewerk begonnen hat. Umgeben von weißbuntem Ahorn, Walnußbäumen, mannshohen, kegelförmig zurechtgestutzten Tannen, die am Wegesrand Spalier stehen, und einer Rhododendronborte um den Rasen herum. »Ich bin dabei, einen Kräutergarten anzulegen, ähnlich wie ihn die Mönche damals hatten. Bunt gemischt mit Blumen und alten Bauernpflanzen, statt nur Kräuter.«

Wie die Frau von der Kasse gehört auch der Gärtner zu jenen Klostermitarbeitern, die sich stolz »Eberbacher« nennen. Das sind die Alteingesessenen, die die Klostergeschichte kennen, gern vom Mönchsleben erzählen und vor allem das Besinnliche bewahren möchten. »Eberbach war ja ein Schweigekloster und wurde darum auch architektonisch so angelegt, daß jeder Schritt, jede Stimme von überall aus zu hören war. Ob im Kreuzgang, im Dormitorium oder in der Basilika. Sogar über die Gemäuer hinweg!« Doch das nur, wenn es wirklich ganz still war.

Um zehn Uhr wird das Kloster für Besucher geöffnet. Dann beginnen die Führungen. Gruppen reisen an, lassen sich den zisterziensischen Alltag erklären: Das Dormitorium, europaweit ein Star unter seinesgleichen, strahlt mit seinem zweischiffigen

Saal, dem spitzbogigen Kreuzgratgewölbe und den mit Laubwerk verzierten Kapitellen (erste Vorboten einer Lockerung der strengen Bauvorschriften aus dem 13. Jahrhundert) sachliche Eleganz und Anmut aus. Nuten in den Mauerrahmen verraten, daß die Fenster (selbstverständlich unverglast!) zum Schutz gegen Kälte einst Holzläden besaßen. In diesem Raum also lagen die Mönche auf Pritschen, gewärmt bloß von ihren Mänteln, den Kopf von ihrer Kapuze bedeckt. Und unter dem gotischen Himmel war ihnen ein nur kurzer Schlaf vergönnt. Das verlangte die Ethik des Verzichts. »Das Schnarchkonzert muß ohrenbetäubend gewesen sein«, lacht Günter Ringsdorf, der die Geschicke des Klosters als Betriebsleiter lenkt, »bei sechzig, siebzig Mönchen!«

Linkerhand führen ein paar Stufen zum Abteimuseum hoch. Anno 1995 eingerichtet. Es liegt im Trakt, in dem sich Küche und Wärmestube befanden, darunter, im Parterre, das Mönchsrefektorium. Helle Holzfußböden, mit Nessel überspannte Fenster und weißgekalkte, kahle Wände sollen jene Armut und Askese reflektieren, die das Generalkapitel auch für das Interieur des Klosters als Maxime verlangte. Und das hieß: keine Malerei, keine Skulpturen, kein Gold, kein Silber, kein Edelmetall. Selbst die Meßgewänder mußten ohne jede Stickerei bleiben, gewebt aus grober, ungefärbter Schafwolle oder aus Leinen. Das brachte den Zisterziensern die Bezeichnung »Weiße« oder auch »Graue Mönche« ein, im Unterschied zu den dunkel gekleideten Benediktinern.

Im Abteimuseum lesen wir uns in der Klosterchronik fest. Und die beginnt – wie sollte es anders ein? – mit der Legende vom »wilden Geometer«, die der letzte Bursierer des Klosters, Pater Hermann Bär, in Umlauf gebracht hat und die heute jedes Kind im Rheingau kennt:

Als der heilige Bernhard mit Erzbischof Adalbert für das zu errichtende Kloster einen geeigneten Ort suchte, kam plötzlich ein wilder Eber aus dem Wald, schlitzt vor ihren Augen mit seinem Rüssel wie mit einer Pflugschar den Boden auf, zieht eine tiefe Furche und umgrenzt damit den Klosterbezirk.

Es wurde noch viel spannender: Just dieser Eber, so malten sich die Rheingauer weiter aus, sprang vor den Augen der hohen Herren dreimal über den Kisselbach. Deshalb steht denn auch im Klosterwappen, welches auf einem Merian-Stich aus dem 17. Jahrhundert überliefert ist, ein Eber im Wasser. Auf seinem Rücken trägt er die Klosterkirche, in seinem Maul hält er eine Traube. Um 1145, lesen wir weiter in der Chronik, schleppten die Mönche des Bernhard von Clairvaux daraufhin Kalksteinquader und Tuffstein heran, um Kirche und Klausur zu bauen.

Später folgten die Räume für die Laienbrüder und das Hospital. Die wohl größte Kostbarkeit aus dieser Frühzeit des Zisterzienserordens stellt im Museum das Grisaillefenster dar – ein Meisterwerk aus opakem, in zartem Grün, Grau und Gelb changierenden Glas, das durch ein Bleirutennetz zu einem Geflecht aus Schlingen und Knoten zusammengefügt ist und auf diese Weise das Licht sanft und gedämpft erscheinen läßt.

In rasantem Tempo wuchs Kloster Eberbach zu einem Wirtschaftsimperium heran. Es besaß eigene Werkstätten, in denen vor allem die Konversen als Zimmerleute, Weber, Kürschner, Schuhmacher und Maurer tätig waren. Bereits 1211 hatte das Gutsverzeichnis, *Oculus memoriae,* ein Dutzend Grangien (granus = Korn) und mehrere Kurien (curia = Hof) registriert. Außerdem gab es eine Klostermühle, Klosterbäckerei und Klosterbrauerei. Einige dieser Wirtschaftseinheiten sind im Abteimuseum auf Schwarzweiß-Fotos zu sehen: der Draiser Hof in

Erbach, der Neuhof bei Hattersheim, die Eberbacher Höfe in Hallgarten, Kiedrich und Osterspai, auch die Eberbacher Pforte in Boppard. Hier hielten sich die Zisterzienser auf Koppeln Pferde, betrieben Schaf- und Schweinezucht, bauten Erbsen und Linsen an und pflanzten Obsthaine zur Ernte von Äpfeln, Birnen, Kirschen, Nüssen und Speierling. Daneben angelten sie in ihrer Fischerei zu Eltville am Rhein (Fleischverzehr war ja, zumindest in der Frühzeit des Ordens, strikt verboten!) und übten sich in der Imkerei.

Nur fromm und züchtig allerdings ging es bei den Zisterziensern keineswegs immer zu, am wenigsten zwischen den Mönchen und Laienbrüdern. Beklagten doch letztere mehr und mehr, als billige Arbeitskräfte ausgenutzt und wegen ihrer geringeren Bildung allzu oft herablassend behandelt zu werden. Die Mönche blieben unterdessen der Klausur verpflichtet und hielten an ihren Privilegien fest. Diese soziale Differenz schürte hinter den Klostermauern einen ständigen Unruheherd, provozierte Handgreiflichkeiten und bösen Zwist, bis eines Tages ein Konverse die Selbstbeherrschung verlor und einen Abt kurzerhand ermordete. Das war um 1260 herum.

Wir wenden uns im Abteimuseum wieder den schönen Dingen des Klosterlebens zu, begeistern uns für die Bodenfliesen aus dem 13. Jahrhundert, deren mannigfaltige Gestaltung mit Blättern und Lilien, Adler, Löwe und Hirsch als herausragend in der zisterziensischen Fliesenprägung gilt. Wunderhübsch daneben eine romanische Piscina und in einer Vitrine hochmittelalterliche Buchbeschläge, Buchschließen. Zu guter Letzt schlagen wir das Kapitel Weinanbau auf, dem »Wirtschaftszweig Nr. 1«, wie es dort heißt. Darüber plaudern Heinrich Reichert und Karl Simrock, als säßen sie in der Klosterschänke bei einem Steinberger Riesling, dem Lieblingswein der Zisterzienser, zusammen:

Übertrieben formulierte man: auf der Reise nach Rom könnten die Mönche stets in eigenen Häusern übernachten. Und ohne es zu beabsichtigen, machten die harten Kuttenträger aus der abgelegenen Abtei die größte und großartigste Lehranstalt für Weinbau.
Wo immer wir edlen deutschen Wein trinken, Erfahrung und Wissen vom alten Eberbach stecken heute noch darin. Wenn wir gar »Steinberger Cabinet« und seinen Fliederduft kosten, er wuchs in Eberbach.

Sie begnügten sich aber nicht mit der Erzeugung eines edeln Gewächses, sie wußten es auch zu Markt zu bringen. In Köln, wohin damals der Handelszug der Rheinweine ging, hatten sie ihre Niederlage, und die Stadt schenkte ihnen eine eigene Rheinpforte. Auch dem Gewinn der Schiffahrt wandten sie sich zu, bauten Fahrzeuge, nahmen Schiffleute unter ihre Laienbrüder auf, erwirkten sich von Kaisern und Fürsten Freiheit von allen Zöllen und ließen ihre eigenen Geschirre den Rhein auf und nieder gehen.

Bald reichte die wirtschaftliche Macht der Abtei von Köln bis ins Elsaß. Manche Äbte machten aus dem Kloster ein Bankhaus für die Händel der Welt, viele führten treffliche Wirtschaft, alle dienten dem Wein. O weingrüne Prälaten! Von ihren Umschlaghäfen, dem prachtvollen Schloß Reichartshausen und dem deftigen Hof Drais, brachten sie ihren Steinberger und ihre Frucht auf die Eberbacher Schiffe, »Sauen« und »Bocken« genannt.

Wo Reichtum ist, gibt es auch Neid. Und so richtete sich der Rheingauer Bauernaufstand 1525 zuerst gegen die Abtei. Allein, die Aufständischen brachten sich selbst um ihren Verstand. Denn als sie sich auf der Wachholder Heide mit Harnischen, Gewehren und Geschützen versammelten, um über ihre Forderungen zu beratschlagen, tranken sie jenes Riesenfaß leer, welches die Mönche 1485 zu bauen begonnen und 1500 erstmals mit Wein gefüllt hatten. Die 70 000 Liter, die in dem Küferwunder Platz gefunden haben sollen, rannen in die Kehlen der unzufriedenen Bauern. Vor lauter Trunklust hatten sie die Revolution vertan. Andererseits floß auf diese Weise kein Tropfen Blut, wurden die Bauern nicht wie ihre Leidensgenossen in Süddeutschland niedergehauen. Aber sie mußten büßen. Schwer sogar, indem ihnen der Mainzer Erzbischof Albrecht von Brandenburg 1527 ein neues Landrecht verpaßte, das ihnen ihre wichtigsten, angestammten Rechte nahm.

Im Zuge der Säkularisierung 1803 wurde Kloster Eberbach aufgehoben. Danach diente es unterschiedlichen Zwecken: als »Corrections- und Irrenanstalt«, als Unterbringung für »Tobsüchtige«, als »Weiberzuchthaus«. Heute ist es ein Ort für große Kulturveranstaltungen, für Weinversteigerungen, für Galadiners. Dennoch kann man der Stille begegnen. Nachmittags, wenn die Frau an der Kasse den Eingang zum Klosterinnenhof schließt. Oder spät am Abend. »Am schönsten wäre dann eine Führung – schweigend«, meint Günter Ringsdorf, der sich darüber amüsiert, wenn man ihn als »letzten Abt von Eberbach« tituliert.

ZUR LINDENAU
WEINSTUBE
GASTHAUS

→ König, Dame oder Edelstein?

RHEINGAUER RIESLING

Grapefruit, Pfirsich, Ananas, Zitrus, Aprikose, Honig, Karamel, Bitterschokolade – die Palette der Düfte ist beim Riesling, dem »Rebenklassiker« groß. »Die Säure kann rassig, geschliffen, nervig, manchmal auch grasig und streng sein und wird dann erst mit den Jahren moderat«, erläutert der Weinautor Rudolf Knoll. Kein Wunder, wenn es da der Rheingauer Rebensaft war, der um 1900 den internationalen Ruhm des »Rheinweins« begründet hat und bis heute zu den Spitzengewächsen der Welt zählt, zumal der Rheingauer Riesling mit seiner feinen Rasse und Eleganz auch extrem lange haltbar ist. Im Bremer Ratskeller, dessen Weinraritäten legendär sind, lagert etwa ein Riesling aus Rüdesheim von 1653. Und dieser soll noch genießbar sein!

Anno 1435 wurde »rießlingen in die wingarten« erstmals im Rheingau urkundlich erwähnt. Im 17. Jahrhundert bauten ihn die Winzer mehr und mehr an, und als das Rheinreisefieber zu Beginn des 19. Jahrhunderts ausbrach, hatte die »Rusling-Rebe« den ersten Platz in den Rheingauer Weinbergen eingenommen (rund 90 Prozent sind es unverändert bis heute) – Bergen, für die der große Erzähler und Weingenießer Stefan Andres die Bezeichnung »Königsterrassen« ausgewählt hat. *Main Nahe(zu) Rhein Ahrisches Saar Pfalz Mosel Lahnisches Weinpilgerbuch* lautet der Titel seines kurzweiligen Bändchens, das in jede Jackentasche paßt:

← **In der Rüdesheimer Weinstube »Zur Lindenau« wird ausschließlich Riesling ausgeschenkt – er stammt aus dem eigenen Weingut und reift in Holzfässern**

Der Rheingau ist der Weingau katexochen; man denkt, wenn sein Name erklingt, nicht an dies oder das, sondern ganz zuerst und selbstverständlich und ausschließlich an Wein, und zwar an einen großen, noblen, an einen Königswein. Die Natur hat offenbar ein Ideal schaffen wollen; denn in einer geradezu ausführlichen Vorsorglichkeit hat sie über diese dreißig Kilometer Gestade alle Gaben und Gnaden ausgeschüttet, die aus einer Weinbaugegend *den Weingau* machen; also aus einer Landschaft, wo man Wein bauen *kann,* eine solche, wo man Wein bauen *muß*. Der waldreiche Taunus, der dem Rhein die Richtung nach Westen gibt, führt auch den Nordwind und läßt ihn über die Hügel an seiner Südseite hoch hinwegbrausen, so daß er droben am Himmel klären, nicht aber drunten die Pflanzen, nämlich die Reben, anrühren darf. Am hellen Ufer des pappelgesäumten Rheins, also in den Gemarkungen von Eltville, Erbach, Hattenheim, Oestrich, Mittelheim, Winkel stehen die Reben auf Schwemmland und Tertiärmergel, während die Lagen auf den Mittelterrassen, den Hügeln und Bergen, also die von Rüdesheim, Johannisberg, Schloß Vollrads, Hallgarten, Kloster Eberbach, Kiedrich, Rauenthal und Frauenstein auf kalireichem, tiefgründigem Schiefer gedeihen. Der nahe, fast schon seehafte Rhein gleicht mit seinem Wasserspiegel allzu schroffe Klimaübergänge aus. Auf den Terrassen und Hügeln aber, die von Taunusbächen durchschnitten sind, lebt die Rieslingrebe als auf ihrer Urheimat.

Und diese bringt exzellente Weine hervor, wie die »Spitzenweinversteigerungen« Jahr für Jahr beweisen – veranstaltet vom Rheingauer Regionalverband der Vereinigung Deutscher Prädikatsweingüter (VDP) im Wiesbadener Kurhaus: ein 1865er Marcobrunner des Domänenweinguts Schloß Schönborn und eine

1897er Erbacher Heiligenberg Trockenbeerenauslese der Administration Friedrich Prinz von Preußen kamen mit 11 000 und 13 000 Mark unter den Hammer; immerhin 5 500 Mark erzielte ein 1947er Kiedricher Gräfenberg aus dem Weingut Robert Weil.

Wißt Ihr, was Rheingauer Auslese ist?
Von späteste Traube, sonnegeküßt,
von Edelfäule sanft berührt,
zu Honigsüße konzentriert,
voll fruchtiger Säure, die konserviert...

un daraus die Edelste, die mer fand,
noch ausgelese mit sorgsamer Hand,
im Faß dann vergoren un gepflegt,
vom Kellermeister als Kleinod umhegt...

so wird sie zur größte Kostbarkeit,
wird immer feiner mit der Zeit!
Aus Fülle und Duft ein Blumenstrauß...
Und – trinkt mer die Flasche nit vorher aus,

kann mer nach Jahr'n sich noch dran freun.
Die Rheingauer Auslese, das ist ein Wein,
so kostbar wie ein Edelstein.

Die Rheingauer Mundartdichterin Hedwig Witte, die 1991 85jährig starb, war selbst ein Stück Rheingauer Urgestein, trank gern »en gute halwe Schoppe« und bewahrte eine Fülle an Humoristischem und Heimatverbundenem in Gedichten, Kolumnen, Stücken auf. Das meiste davon drehte sich um den Riesling – den König, den Edelstein unter den weißen Trauben. Oder handelt es sich vielleicht eher um eine Dame? Das zumindest meint Walther Kiaulehn, der Berlinchronist der zwanziger Jahre. Freunde luden ihn in der Nachkriegszeit nach Rüdesheim zu ausgiebigen Verkostungen ein. Das war für ihn Liebe auf den ersten Schluck:

Der Moselwein ist ein junges Mädchen, der Pfälzer ist eine derbe, südliche Schönheit, und der Rheingauer ist die Frau von dreißig Jahren, die elegante Frau, die Dame unter den deutschen Weinen (…)
Was ist denn eine Dame?
Eine Dame ist eine Frau, die sich in jeder Lebenslage richtig verhält. So ist der Rheingauer. Er ist der Wein für das verschwiegene Gespräch im Kabinett des Staatsmannes, er gibt dem großen Gastmahl die Weihe des Erlauchten, er macht die gehobene Intimität bei einem kleinen Frühstück, er vergoldet den grauen Tag.

»Oder er steht neben einem Band Gedichte bereit und hilft beim Umblättern«, lächelt Stefan Andres, in der Nähe von Trier geboren und an der Mosel in einem Elternhaus aufgewachsen, dessen Vorfahren alteingesessene Winzer waren.

Die größte Torheit in der jüngeren deutschen Weinanbaugeschichte war der Trend zur Gleichmacherei, als nämlich 1971 das deutsche Weingesetz entstand, das alle Lagenunterschiede nivellierte. Welch ein Fauxpas gegenüber einer Dame! Doch inzwischen krempelten Rheingauer Weinkavaliere (die Winzer der noblen CHARTA-Vereinigung) die Ärmel hoch, um ihrem Riesling wieder seine einstige Aura zurückzugeben: »Erstes Gewächs« lautet die Zauberformel – nach dem Vorbild der französischen »Grands Crus«. Anknüpfend an die Lagen, die schon zur Zeit der VDP-Gründung 1897 als herausragend ausgelobt wurden, haben jene Winzer nämlich die Rheingauer Rebstöcke klassifiziert und beschlossen, daß die besten Rieslinge nicht mehr als 13 Gramm Restzucker pro Liter enthalten dürfen, mindestens 83 Grad Oechsle aufweisen müssen und ausschließlich mit der Hand zu lesen sind. Darauf stoßen wir an!

→ Salonkultur und Goethewein

Zu Gast bei den Brentanos

Eine altmodische Klingel. Vorsichtig drücken wir den Knopf. Oben, im ersten Stock, öffnet sich ein Fenster, dessen Knarren man anhört, daß es noch aus früheren Zeiten stammt. Jemand schaut heraus. Die Frau des Barons. Wir möchten bitte warten. Die Führung beginne erst um 16 Uhr. Noch zehn Minuten also. Wir stehen auf dem kopfsteingepflasterten Hof, den man vom Lindenplatz aus betritt. Vor uns der berühmte Weinlaubengang, der damals, als sich die deutschen Romantiker im Brentano-Haus trafen, beinahe bis zum Rheinufer hinunterreichte. Lärmender Verkehr, eine Tankstelle und seelenloser Beton haben dieses längst zerstört, und zwar unmittelbar an der Ortseinfahrt nach Winkel, die auch zu den Schlössern Vollrads und Johannisberg führt. Man könnte heulen!

Linkerhand, im schönen Brentano-Garten, der zum Gutsauschank gehört, warten die mit Gläsern gedeckten Tische auf ihre ersten Nachmittagsgäste. Die Gerichte auf der Tageskarte hängen in einem Glaskasten aus: Kalte Tomatenessenz mit Minze und Melone, Weinbrandparfait mit warmen Aprikosen, dazu Riesling oder Spätburgunder »Goethewein«. Goethewein? Ja, der alte Geheimrat gönnte sich gern jene Rheingauer Tropfen, wenn er die Brentanos besuchte. Besonders den Winkeler Hasensprung, Jahrgang 1811, den er den »Eilfer« nannte. Und das blieb bis heute in dem Prädikatsweingut ein werbewirksames Emblem. Vorbei an jenem kleinen, leicht erhöhten Platz, dessen kreisför-

← Eine alte Federzeichnung des Brentano-Hauses in Winkel

mig angeordnete sechs Kastanien wie ein Pavillon wirken, gehen wir zum Eingang des Brentanohauses zurück. Palmen, Magnolien und Hortensien in Terrakottatöpfen blühen um uns herum im Überfluß. Klematis und Wein klettern um die Wette die betagte Gartenmauer hinauf.

Inzwischen sind alle Leute eingetroffen, die sich wie wir zur Besichtigung des Brentano-Hauses angemeldet haben. Die Frau des Barons, Angela von Brentano, leger in Jeans, erzählt uns zunächst von der weitverzweigten italienischen Herkunft der Brentanos am Comer See: den Brentano-Tremezzo, Brentano-Gnosso, Brentano-Cimaroli – einer Familie, die wie kaum eine andere in die deutsche Kultur- und Geistesgeschichte einging und sich schon immer mit Weinwirtschaft beschäftigt hat. So ist denn auch im Treppenhaus auf dem Brentanowappen in der Mitte die »Brenta«, eine Weinbütte, zu sehen, umschlossen vom lombardischen Löwen auf der einen Seite und von der Schlange der Visconti auf der anderen, jenen Mailänder Herzögen, die lange Zeit die Regentschaft über die Lombardei innehatten.

Im »Roten Zimmer« im Parterre, das seinen Namen den roten Bezügen der spätklassizistischen Mahagonimöbel und Gardinenstoffe verdankt, schauen uns von zwei Gemälden Franz Brentano und Antonia Brentano, geborene Edle von Birckenstock, an. 1808 wurden diese Porträts vom späteren Hofmaler König Ludwig I. von Bayern, dem aus Mainz stammenden Maler Karl Stieler, angefertigt, nur wenige Jahre also nach dem Erwerb des Winkeler »Sommerhauses« durch die Brentanos. 1751 hatte es eine Familie Ackermann aus Bingen erbaut, die es aber schon bald nicht mehr unterhalten konnte, und so gelangte es nach einer Schuldverschreibung an das Handelshaus der Brentanos in Frankfurt, 1806 in deren Privatbesitz. Unweit von diesem Refugium entfernt setzte Karoline von Günderrode in dieser Zeit ihrem Leben ein Ende, mit einem dramatischen Dolchstoß – aus Liebesschmerz. Aber das ist eine andere Geschichte.

Antonia, »Toni«, die Tochter aus gutem Wiener Hause (ihr Vater war österreichischer Staatsminister, ein enger Freund Ludwig van Beethovens und bekannter Kunstsammler), wirkte von Anfang an als exzellente Gastgeberin und charmante Gesellschafterin und machte aus dem Rheingauer Landsitz einen Salon, in dem alles, was damals Rang und Namen besaß (ähnlich wie in ihrem Frankfurter Domizil »Zum Goldenen Kopf«), zusammenkam: die Tiecks und die Schlegels, die Märchenbrüder Grimm, Jean Paul, Freiherr vom Stein, Ernst Moritz Arndt, Fichte, Josef Görres, der Kunstenthusiast Sulpiz Boisserée, der Mainzer Historiker Niklas Vogt, Goethe natürlich und viele, viele andere.

Antonia war eine äußerst aparte Erscheinung (das Gemälde im »Roten Zimmer« zeigt sie modebewußt mit Turban), vielseitig gebildet und interessiert und lud jene berühmten Köpfe nach Winkel ein – zum Plaudern und Diskutieren, zum gegenseitigen Vorlesen und gemeinsamen Musizieren, zum Kartenspiel, zu Theateraufführungen, zum Dichterwettstreit. Dabei saß man entweder in der Diele, wo auch gegessen und getrunken wurde, oder im »Großen Saal« (der allerdings mehr einer Wohnstube gleicht – schon allein wegen seiner niedrigen Decke). Seit über hundertneunzig Jahren blieb seine Einrichtung beinahe unverändert: mit dem kostbaren Kristallüster und dem gußeisernen Rokoko-Ofen, den Schabracken an den Fenstern, den Sitzecken, den Tapeten und sogar den Teppichen. Als wären die Uhren stehengeblieben! Doch sobald die jetzige Hausherrin von jener eigentlichen Prominenz erzählt, die den literarischen Ruf des Brentano-Hauses begründet hat und bis heute prägt, füllt sich der Raum mit seinem einstigen Leben.

Endlich. Man bittet zum Tee. Ein frisches, ganz junges Mädchen bringt das Tablett herein und wird von der Bettine eine Spur zu überschwenglich begrüßt. Die Günderrode bemerkt ein Unbehagen auf dem Gesicht des Gastes aus Preußen. Sie kennt die Bettine. Ihm muß es exaltiert vorkommen, wie sie das Mädchen bei der Hand nimmt, seinen Namen nennt, Marie, und allen kundtut, die Lieder, die sie am Klavichord probiert, habe sie von diesem Mädchen erfahren, das, außer in Volksliedern und Märchen, in der Botanik der Gegend bewandert sei wie keine zweite. Sie nimmt zwei Teetassen vom Tablett, bringt sie der Günderrode und Clemens, kündigt dem Clemens einige Perlen für seine Volksliedersammlung an, Melodien, die wie durch einen Magnet mit den Texten zusammenhängen. Der Bruder geht nicht auf sie ein, sie fragt nichts, streift die Gesichter der beiden mit einem forschenden Blick und zieht sich zu dem großen, ovalen Tisch zurück, an dem die meisten, auch Kleist, Platz nehmen. Zuckergebäck wird herumgereicht, in durchbrochenen Porzellankörbchen. Einen Augenblick ist es ganz still. Die Günderrode hört ihren Herzschlag, und eine unsinnige Hoffnung schießt in ihr auf. Dann sagt Gunda Savigny: Jetzt ist ein Engel durchs Zimmer gegangen.
Clemens zieht eine Grimasse, er mag das leicht sentimentale Wesen dieser Schwester nicht. Die Günderrode kann sich nicht die leiseste Regung gegen Gunda erlauben, sie weiß, der Freundschaftsbund mit Savigny hat nur Bestand, wenn sie sich strikt an die Satzungen hält: daß es ein Bund zu dritt ist, mit Gunda als der Dritten. Die Günderrode muß lächeln. Nicht Gunda ist die Dritte in diesem Bund: Sie selbst ist es, was immer die andern beiden ihr beteuern mögen. Liebe bindet stärker als Freundschaft – wer sollte es wissen, wenn nicht sie.

Eine fiktive Begegnung zwischen Karoline von Günderrode und Heinrich von Kleist, den beiden Lebensmüden 1806 und 1811, aufgezeichnet von Christa Wolf in *Kein Ort. Nirgends.* Bis etwa 1817 diente das Brentanohaus als Szenetreff der deutschen Romantiker um Clemens Brentano und Bettine Brentano, den Halbgeschwistern von Franz. Sie waren aus der zweiten Ehe des Stammvaters Peter Anton, der noch unter seinem italienischen Namen Pietro Antonio 1762 in Frankfurt die Bürgerrechte erworben hatte, mit Maximiliane La Roche hervorgegangen. Weiter Christa Wolf:

Jetzt eben, ein seltner Anblick, stehn die drei Brentanos in der Mitte des Raums zusammen, Clemens, Gunda, die Bettine, lächeln einander zu, wie nur Geschwister lächeln, heben ihre Gläser gegeneinander, stoßen an, trinken. Eine verblüffende Familienähnlichkeit, weniger in der Physiognomie, als in Gesten, Haltungen. So bewegt man sich, glaubt Kleist, wenn man sich auf dieser Welt für unentbehrlich hält. Er nimmt sich das Recht, sie für anmaßend zu erklären, weil dieser Mangel an Selbstzweifel, ihr Erbteil, ihnen verborgen bleiben muß. Übrigens sind sie alle reizvoll, auch der Mann, jeder auf seine Weise. Die dunklen Augen, die bleiche Stirn, das krause tiefbraune Haar. Italienischer Einschlag, Wedekind hat es angedeutet. Und die Beredsamkeit der Selbstbewußten. Keine schwere Zunge, kein Stammeln. In Wuchs, Aussehn, Gehabe bei aller Exaltiertheit – er gibt es ja zu – das, was man edel nennt. Gute Rasse.

Bereits 1801 hatten sich Clemens Brentano und Friedrich Carl von Savigny, beide junge Burschen und aus wohlhabenden Verhältnissen stammend, »ins Rheingau« aufgemacht. Und beide sollten Geschichte machen, schreibt der mit verschiedenen Literaturpreisen ausgezeichnete Karl Rolf Seufert:

Die beiden hatten das Marktschiff der Kutsche vorgezogen, die auf den holperigen, ausgefahrenen Straßen nur wenige Annehmlichkeiten bot, und waren stattdessen mit einer der »Wasserdiligencen«, wie sie auch genannt wurden, von Frankfurt aufgebrochen. Es waren dies luxuriöse Schiffe mit Polstersitzen, Spiegeltüren und Damasttapeten, die die langen Fahrtzeiten durch ihren Komfort vergessen lassen sollten. »Man kann Kaffee, Schnaps und Gebackenes haben, dazu Tanz, Musik und Gesang und auch viele Bekanntschaften mit Mainzer Schönen machen«, berichtet ein Zeitgenosse. Eine solche Jacht faßte bis 80 Passagiere; sie hatte einen hohen Segelmast und wurde zusätzlich mit Rudern angetrieben oder getreidelt, also von Pferden stromauf gezogen. Diese Schiffe hatten eine lange Tradition. Auf einem von ihnen reiste Alrecht Dürer schon 1520 mit seiner Frau Agnes und der Magd Susanna von Nürnberg kommend über Frankfurt nach Mainz.

Nun waren also auch die deutschen Romantiker mit einem solchen Marktschiff unterwegs – Richtung Rheingau. Die geheimnisumwitterte, urwüchsige Kulisse bezauberte sie: An beiden Rheinufern weite Buchten mit sumpfigen Wiesen, schilfbewachsene Hänge, tief sich verneigende Weiden. Mitten im Strom bewaldete Auen. Schwäne und Wildenten zogen im Wasser ihre Furchen. Im Hintergrund die Weinberge, dazwischen Äcker, hingestreute Dörfer, finstere Burgruinen. Noch im selben Jahr, 1801, lernte Clemens Brentano in Göttingen seinen »Herzensbruder« Achim von Arnim kennen, den Sohn aus altem märkischen Adel, der später Bettine heiratete. Die zwei Männer verstanden sich auf Anhieb und reisten auch zuammen an den Rhein – das war im Jahr 1802.

Arnim so schlampig in seinem weiten Überrock, die Naht am Ärmel aufgeschlitzt, mit dem Ziegenhainer, die Mütze mit halb zerrissenem Futter, das neben heraussah. Du, Clemens, so fein und elegant, mit rotem Mützchen über deinen tausend schwarzen Locken, mit dem dünnsten Röhrchen, einem lockenden Tabacksbeutel aus der Tasche.

Mit diesen Worten hatte sich Bettine über die schon bald umjubelten Sammler alter Volkslieder aus verschollenen Drucken, mündlichen Überlieferungen und eigenen, gewitzten Erfindungen amüsiert. 1805 erschien der erste Teil *Des Knaben Wunderhorn,* 1808 der zweite. 1808 besuchte Bettine auch zum erstenmal die Rheingauer Verwandtschaft, fuhr ebenfalls von Frankfurt aus mit dem Schiff und schleppte neben Bergen von Gepäck für die bevorstehenden Sommerwochen sogar ihr Klavier mit. Angekommen in Winkel war sie jedoch zunächst enttäuscht. Postwendend ging ein Brief an Goethes Mutter:

Eh' meine Augen hinüber auf den Johannisberg schweifen, werden sie von ein paar schmutzigen Gassen in Beschlag genommen, und von einem langen Feld raupenfräßiger Quetschen- und Birnbäume. Aus jedem Gaubloch hängen Perlenschnüre von getrockneten Schnitzeln und Hutzeln; der Lohgerber gegenüber uns durchdampft alle Wohlgerüche der Luft.

Tatsächlich waren die Gassen damals alles andere als sauber. Jeder fegte seinen Dreck unbekümmert an die Hauswand heran, wo dieser getrocknet als Feierabendsitz diente! Und den Lohgerber gegenüber schimpfte man allenthalben »die Hölle«, eben weil es aus seinen Luken »wie die Hölle stank«. Um diese Zumutung zu beenden, kaufte Franz Brentano das Anwesen 1810 auf, samt Grundstück daneben, und ließ dort einen hübschen Park mit einem Springbrunnen in der Mitte zum Lustwandeln anlegen.

Im Zuge der Wirtschaftswunderjahre des folgenden Jahrhunderts war mit der Oase Schluß, weil unmittelbar am Park entlang eine Straße durch die Weinberge nach Johannisberg hinauf gebaut wurde. Kein Ort mehr zum Spielen für die Brentanokinder. Kein Ort mehr der Ruhe und Zurückgezogenheit. 1988 haben die Winkeler Brentanos das Anwesen darum wieder verkauft. »Seitdem heißt es kurioserweise Brentanoscheune«, lacht Angela von Brentano, »den Namen besaß es vorher nie!«

Zurück zu Bettine: Nach einer Weile lebte sich die mittlerweile 23jährige in Winkel ein und fühlte sich immer wohler, zumal sie tun und lassen konnte, was sie wollte. Und das entsprach ganz ihrem quirligen Naturell, welches Achim von Arnim, nachdem er die zukünftige Braut kennengelernt hatte, als eine »höhere Verbindung von Feuer und Magnetismus« charakterisierte. Bettine scherte sich nicht um Konventionen, hatte ihren eigenen Kopf, fiel auf. Und wie sah nun ein Ferientag in Winkel aus? Das wollte Goethes Mutter unbedingt von Bettine wissen. Ausführlich antwortete ihr Bettine:

Erst ein ganzes Haus voll Frauen, kein einziger Mann, nicht einmal ein Bedienster. Alle Läden im Haus sind zu, damit uns die Sonne nicht wie unreife Weinstöcke behandelt und gar kocht. Das Stockwerk, in dem wir wohnen, besteht aus einem großen Saal, an das lauter kleine Kabinette stoßen, die auf den Rhein sehen, in deren jedem ein Pärchen von unserer Gesellschaft wohnt. Die liebe Marie mit den blonden Haaren ist Hausfrau und läßt für uns backen und sieden. Morgens kommen wir alle aus unseren Gemächern im Saal zusammen. Es ist ein besonderes Pläsier, zu sehen, wie einer nach dem andern griechisch drappiert hervorkommt. Der Tag geht vorüber in launigem Geschwätz, dazwischen kommen Bruchstücke von Gesang und Harpegge auf der Guitarre. Am Abend spazieren wir an den Ufern des Rheins entlang, da lagern wir uns auf dem Zimmerplatz; ich lese den Homer vor, die Bauern kommen alle heran und hören zu; der Mond steigt zwischen den Bergen herauf und leuchtet statt der Sonne.

Schon mit dem ersten Hahnenschrei zog Bettine dann wieder los. Allein oder mit Freunden. Von Dorf zu Dorf. Zwölfstündige Ausflüge waren keine Seltenheit: Auf Eseln ritten sie nach Rauenthal, stiegen die steilen Rieslinghänge hinauf, wanderten in den Taunus oder durch das kühle Wispertal. »Es ist göttlich hier!«, schwärmte Bettine. Vor allem am Rhein, an den es sie immer wieder hinzog.

Gestern Abend ging ich noch spät an den Rhein; ich wagte mich auf einen schmalen Damm, der mitten in den Fluß führt, an dessen Spitze von Wellen umbrauste Felsklippen hervorragen; ich erreichte mit einigen gewagten Sprüngen den allervordersten, der grade so viel Raum bietet, um trocknen Fußes drauf zu stehen. Die Nebel umtanzten mich; Heere von Raben flogen über mir, sie drehten sich im Kreis, als wollten sie sich aus der Luft herablassen; ich wehrte mich dagegen mit einem Tuch, das ich über meinem Kopfe schwenkte, aber ich wagte nicht über mich zu sehen, aus Furcht, ins Wasser zu fallen. Wie ich umkehren wollte, da war guter Rat teuer; ich konnte kaum begreifen, wie ich hingekommen war; es fuhr ein kleiner Seelenverkäufer vorüber, – dem winkte ich, mich mitzunehmen. Der Schiffer wollte zu der weißen Gestalt, die er trocknen Fußes mitten auf dem Flusse stehen sah, und die die Raben für ihre Beute erklärten, kein Zutrauen fassen; endlich lernte er begreifen, wie ich dahin gekommen war, und nahm mich an Bord seines Dreibords. Da lag ich auf schmalem Brett, Himmel und Sterne über mir.

Im Herbst 1814 traf Goethe das erste Mal im Rheingau ein, als er während seiner Wiesbadener Kur dort auch seinen 65. Geburtstag feierte (»Frau Antonia Brentano-Birckenstock hatte früh von Winkel 10 Flaschen des echtesten Weines gesandt...«). Was also lag näher, als bei dieser Gelegenheit ins ländliche Sanssouci der Brentanos hinauszufahren? Hatten ihm diese doch, gastfreundlich wie sie waren, für die Dauer seines Aufenthaltes zwei jener Kabinette angeboten, eines zum Arbeiten, eines zum Schlafen. Diese berühmten »Goethezimmer« schauen wir uns jetzt an. Sie sind schmal und klein, jedes hat ein Fenster mit Blick in den Brentano-Garten, im Hintergrund der Rhein. Bettines Scherenschitte hängen an der Wand und jene kolorierte Zeichnung der Rosette Städel mit der Widmung, die Goethe später zum Dank an die Winkeler Tage darunterschrieb und von Frankfurt aus 1816 an die Brentanos übermitteln ließ:

Wasserfülle, Landesgröße,
Heiterer Himmel, frohe Bahn,
Diese Wellen, diese Flöße
Landen auch in Winkel an.

Der alternde Geheimrat war indessen alles andere als ein angenehmer, dankbarer Gast:

In den frühen Morgenstunden der ersten Septembertage des Jahres 1814 genossen die Bewohner des Landgutes, das der Frankfurter Geschäftsmann Franz Brentano zu Winkel im Rheingau besaß, immer wieder den gleichen Anblick: ein Herr, etwa um die Mitte der Sechzig, wandelte gemessenen Schritts durch den mit Reben dichtbewachsenen Laubengang, der übrigens der längste nördlich der Alpen war. Der Herr trug einen weißen Flanell-Schlafrock, der nicht wenig zu seiner gravitätischen Erscheinung beitrug und ihn noch an der entferntesten Stelle des Laubenganges als weißen Punkt kenntlich machte. Er hatte beim Wandeln die Hände auf den Rücken gelegt und war sichtlich mit angestrengtem Nachdenken beschäftigt, dem der Anblick der nahezu reifen Trauben und des ruhig dahinfließenden Rheins förderlich zu sein schien. Auf Fragen reagierte er in der Frühe nur unwillig und beantwortete sie kaum. Die Kinder des Hauses wurden zu äußerster Stille angehalten und durften daher nicht auf dem Speicher spielen. Später, wenn der Gast den Schlafrock mit dem Promenierfrack vertauscht hatte, mußten ihn die Kinder auf kleineren Spaziergängen begleiten und Steine auflesen, die er ihnen mit einem Stock bezeichnete und dann mit einem Bergmannshämmerchen abklopfte. Nach der Untersuchung waren die Kleinen genötigt, die mineralogische Ausbeute hinter ihm herzutragen, was alles keineswegs dazu beitrug, daß sie die Verehrung teilen konnten, die ihre Eltern dem gebieterischen Besucher ganz offensichtlich entgegenbrachten.

Soweit Klaus Günzel, der gewiß brillanteste Biograph der Brentanosippe. Sehr wohl jedoch wurden gegenüber dem Herrn aus Weimar auch kritische Töne angeschlagen. Und zwar von der »unbestrittenen First Lady der Brentanos«, von Antonia. Allerdings erst, als diese selbst schon alt und ergraut war. Damals, konstatierte die 85jährige im Rückblick, habe Goethes »Vergötterung« angefangen:

Zu Tische zog er sich dann immer sehr sorgfältig an und war dann ganz herablassend. Er schöpfte sich immer seinen Teller schrecklich voll Speisen, der er aber meistens immer liegen ließ, ohne sie zu genießen, was mir als Hausfrau immer das unbehagliche Gefühl hervorrief, als sei ihm nichts gut genug zubereitet. Von unserm guten Rheinweine konnte er ganz fürchterlich viel trinken, besonders von dem 11er, und mein Mann machte ihm oft eine große Freude mit dem Geschenk eines Fäßchens Wein.

Bettine traf mit Goethe in Winkel übrigens nie zusammen, nachdem es 1811 in Weimar zu jenem Eklat gekommen war, in dem die frisch vermählte von Arnim der Gemahlin Goethes, Christiane, »Sie wahnsinnige Blutwurst!« hinterhergeschleudert haben soll. Ungestört konnte der Dichterfürst somit am Kirschbaumsekretär (der wie alles andere originale Mobiliar bis heute erhalten ist) arbeiten, sich dem »lebendigen Schauen« hingeben und »viele glückliche Stunden« genießen, am liebsten natürlich bei einem Glas 1811er Wein, den er dann auch im *Schenkenbuch* besang:

Wo man mir Guts erzeigt überall
‘s ist eine Flasche Eilfer.
Am Rhein und Main, im Neckartal,
Man bringt mir lächelnd Eilfer.
Und nennt gar manchen braven Mann
Viel seltner als den Eilfer:
Hat er der Menschheit wohlgetan,
Ist immer noch kein Eilfer.
Die guten Fürsten nennt man so,
Beinahe wie den Eilfer;
Uns machen ihre Taten froh,
Sie leben hoch im Eilfer.
Und manchen Namen nenn ich leis
Still schöppelnd meinen Eilfer:
Sie weiß es wenn es niemand weiß,
Da schmeckt mir erst der Eilfer.
Von meinen Liedern sprechen sie
Fast rühmlich wie vom Eilfer,
Und Blum und Zweige brechen sie
Mich kränzend und den Eilfer.
Das alles wär ein größres Heil,
Ich teilte gern den Eilfer,
Nähm Hafis auch nur seinen Teil
Und schlurfte mit den Eilfer.
Drum eil ich in das Paradies,
Wo leider nie vom Eilfer
Die Gläubgen trinken. Sei er süß
Der Himmelswein – kein Eilfer!
Geschwinde, Hafis, eile hin:
Da steht ein Römer Eilfer!

Seinen Winkeler Aufenthalt hielt Goethe in seinem Prosastück »Im Rheingau Herbsttage« fest, das als »Supplement des Rochus-Festes 1814« in den Werkausgaben verzeichnet wird.

Um 1817/1818 fiel die Winkeler Salonkultur in einen langen Dornröschenschlaf, keine Zusammenkünfte mehr mit den Geistesgrößen der Zeit, keine ausgedehnten »bukolischen« Landpartien. Zwar fuhren auch Franzens und Antonias Nachfahren weiterhin zwischen Mai und Oktober in den Rheingau hinaus. Sie blieben aber eher unter sich, spielten Bridge, luden zu Bällen und Teegesellschaften ein, präsentierten sich gern aristokratisch, bis in die Tage der Weimarer Republik hinein.

Ende der achtziger Jahre erst wurde die Salonkultur von Angela von Brentano wieder wachgeküßt. Dabei kam der Literaturwissenschaftlerin und Romanistin begünstigend entgegen, daß vor allem die Frauenbiographien der deutschen Romantik damals ihr großes Comeback erlebten. Zu Bettine und der Günderrode bot Angela von Brentano im »Großen Saal« Leseabende an, die rasch eine Anhängerschar fanden, und das besonders auch, weil das Brentanohaus den einzigen Salon dieser Art in Deutschland besitzt und somit ein historisches Unikat ist. Die Salonthemen passen sich meist der Jahreszeit an – wie der Wein, den die Gäste dazu verkosten. So gibt es Kabaretts mit Brecht und Weill, literarische Weinproben mit Kästner und Böll, auch hexische Gesänge. Wir blättern zum Schluß der Führung im Herbstprogramm: »Und da verging kein Tag, wo wir uns was erzählten« – Frau Aja und ihr »Herzenskind« Bettine. Hoffentlich gibt es dafür noch Karten!

→ Rheingauer Schlösserpracht

Vollrads und Johannisberg

Ach, diese herrlichen Draußenabende im Garten des Gutsrestaurants von Schloß Vollrads! Gläser klirren. Kinder juchzen und tollen herum. Sommerfrischler und Liebespaare, Betriebsausflügler, Faulenzer und Feinschmecker sitzen ungezwungen nebeneinander. Wenn das Wetter mitspielt, und das tut es im Rheingau zumeist, gibt es nichts Schöneres, als in diesem Wiesengarten Zeit und Stunde zu vergessen.

Den alten Wohnturm im viereckig gemauerten Teich möchten wir am liebsten mitnehmen. Malerisch der angefügte achteckige Treppenturm, elegant der Erker, den der Baumeister mit Eierstäben und Zahnschnitt auf schwere Profile drangeklebt hat, lustig das zwiebelgekrönte Dach, das man dem Turm aufgesetzt hat, wie um seine Strenge zu mildern. Gegen Wald und Weinberge steht er, an seinem Fuße schwimmen Schwäne, und das Gärtlein um das Wasser mutet an fast wie ein Märchen.

Dem Wunsch Heinrich Reicherts, den alten Wohnturm mitzunehmen, schließen wir uns an. Aber was wäre dieser ohne die majestätische Pappelallee, die zum einzigen Rheingauer Wasserschloß führt? Und ohne das Herrschaftshaus aus der Spätrenaissance (die Zwiebeltürme wurden erst nach 1900 angebracht) und die geschwätzigen Stare hinter den Weinbergmauern? Mit Picknickkorb und Wolldecke haben wir dort manch einen Sonntagnachmittag an uns vorüberziehen lassen, mit dabei Clemens Brentanos *Godwi*, seinen »verwilderten Roman«, der Schloß Voll-

rads (»das noch bewohnt war, obschon es nicht ganz so aussah, denn es waren keine Lichter in den Fenstern, die Thore standen weit auf«) immer wieder zum Schauplatz hat:

Es rauschte der breite Rhein nur noch als Musik aus der Ferne, aus den Dörfern und den naheliegenden Städtchen klangen die lustigen Walzermelodien, unordentlich doch gleich taumelnd und kreisend zusammen. Der süße Mostgeruch drang (...) von dem Weinberge herauf, der nahe Wald säuselte.

Es wird noch immer eine Weile dauern, bis der Schock überwunden ist, daß sich Erwein Graf Matuschka-Greiffenclau auf einer Bank zwischen den Vollradser Rebstöcken eine Kugel in den Kopf geschossen hat, anno 1997, im August, weil er das Schloß und zugleich älteste, noch im Familienbesitz befindliche Weingut der Welt mit hohen Schulden belastet hatte. Gottlob war das nicht zugleich auch das Ende des Brauches, die Speisekarte im Gutsrestaurant Monat für Monat nach einem ausgewählten Gemüse oder Gewürz, einer Teigware oder was auch immer zu benennen (...»Die Nudel« – »Der Spargel« – »Die Tomate« »Die Milch« – »Die Gurke«; uns hatte es immer »Die Brennessel« angetan).
»Sincere et fortiter!« lautete stets die Lebensphilosophie der Greiffenclaus, »aufrichtig und tapfer!« Das waren sie. Und sie hatten viele Kinder. Allein 16 saßen am Familientisch des Johann Erwein, der von 1698 bis 1772 den Mainzer Kurfürsten im Rheingau als Vicedomus vertrat. Johann Erweins Vater, Georg Philipp, hatte es sogar zu 26 Kindern gebracht (wundersam nur, daß die

← Viel zu spät traf im Jahr 1775 auf Schloß Johannisberg der Kurier mit der Genehmigung zur Traubenlese ein. Der Rebensaft schmeckte besser denn je: die »Spätlese« war erfunden

Gemahlinnen nie bei derartigen Erfolgsmeldungen auftauchen!). In Winkel ließen sich die »Ritter Greiffenklauwe« zur Zeit Karls des Großen erstmals nieder. Ihr Stammsitz wurde später, von 1050 bis 1330, das Graue Haus – mit einiger Gewißheit Deutschlands ältestes Steinhaus, welches dem Fuldaer Abt Hrabanus Maurus in seinen letzten Lebensjahren als Tusculum diente. Im 13. Jahrhundert erwarben die Greiffenclaus das Vollradser Schloß, das damals schon diesen Namen trug. Im 19. Jahrhundert erlosch ihr stolzer »Mannesstamm«. Daraufhin traten die schlesischen Grafen Matuschka die Erbfolge an – und bauten die von Buchen und Eichen umschlossene Anlage zu einem der feinsten Rheingauer Herrensitze aus.

Schon bei dem Durchschreiten der Vorhalle mit dem plätschernden Laufbrunnen fühlt man sich von dem anheimelnden Eindruck des Inneren gefangen. Beim Eintritt in das wintergartenartig ausgestattete Entree überrascht uns ein in der Lieblingsfarbe der Schloßherrin prangendes Blumenmeer, dem die weißgestrichenen Wände mit rotem Marmorsockel den wirkungsvollen Hintergrund abgeben, der wiederum durch gartengrüne Spaliere belebt wird. Unter Lorbeerbäumen und Palmen sind weiße Sitzbänke angeordnet. Eine breite Glastür führt zum geräumigen Erdgeschoßflur, dessen Wände in Stuckfelder aufgelöst und in Kalkfarbe weiß patiniert sind. Die lichte Raumstimmung erhält hier durch den ringsum laufenden, einen Meter hohen warmtönigen Eichenholzsockel und durch Türen mit Traillenoberlichten neben dem roten Sandsteinboden ihre tieferen Akkorde.

Schöner Wohnen nach Gutsherrenart – seitenlang noch führt uns der Eltviller Architekt Philipp Kahm durch die Gemächer.

Und wenn man von Georg Hulbe in Hamburg liest, der damals die alte Ledertapete (»tiefblauer Grund mit goldpatinierten Ornamenten«) im Speisesaal restaurierte, kommt uns nicht nur Goethe in den Sinn, der anläßlich seines Vollradsbesuches 1814 deren schlechten Zustand monierte. Wir denken auch an das einstige Geschäftshaus der Hamburger Firma; das Hulbesche Patrizierschmuckstück neben der Petrikirche existiert nämlich in Hamburg noch! Durchaus vorstellbar, daß die Belegschaft damals in den Hamburger Ratsweinkeller ging, um »Vollradser« zu trinken. Immerhin hatten die »köstlichsten Reynischen Weine« schon seit über 150 Jahren dort Tradition, speziell jene aus dem »Ringgau«.

Keine halbe Stunde vom »Vollradser Wäldchen« entfernt, erhebt sich aus einem Meer von Reben das weithin sichtbare Schloß Johannisberg. An seiner Stelle stand einst das erste Rheingauer Kloster. Bis 1563 wurde es von Benediktinern (die im Unterschied zu den Zisterziensern bergige Gegenden bevorzugten) bewohnt, die jedoch nie an die wirtschaftliche Macht Eberbachs heranreichten.

1716 bot sich Fulda zur Übernahme von Johannisberg als Außenposten an, verwandelte es in ein »Gottesschloß« und gab diesem den Namen Probstey. 1805 schenkte es Napoleon seinem General Kellermann, einem Militär mit großen Allüren und wenig Weinverstand. Habsburg wiederum schnappte das Kloster den Preußen weg: 1816 übergab es Franz I. seinem Staatskanzler, dem Fürsten von Metternich. Tatjana Fürstin Metternich (ihr Gemahl, Paul Fürst von Metternich-Winneberg, war ein Urenkel des österreichischen Staatskanzlers) residiert seit Ende des Zweiten Weltkrieges auf dem Johannisberg, über den Heinrich Heine einmal sagte: »...wenn ich doch soviel Glauben in mir hätte, daß ich Berge versetzen könnte, der Johannisberg wäre just derjenige Berg, den ich mir überall nachkommen ließe.« Tatjana, die große alte Dame, malte Aquarelle von den Rheingauer Schlössern Vollrads und Johannisberg und schrieb dazu:

Die Landschaft mutete noch wie ein alter Stich an. Später sollte der Wohlstand an deren Schönheit mit elektrischen Hochmasten, betonklotzigen Wohnsilos und Fabriken nagen, aber nichts konnte das einmalige Licht zerstören. An Frühlingsabenden, nach windverwehtem Tag, verschmelzen die sanften, blütenbedeckten Hügel mit den niedrig ziehenden Wolken. Im Sommer taucht die Sonne in Gold und Safran unter, während der herbstliche Himmel vor herannahenden Stürmen in dramatischen Farben explodiert. Am ersten Frosttag des Winters raucht der noch warme Rhein hellrosa in der aufgehenden Sonne.

→ Rubinroter Wein, Burgen und Adelshöfe

Von Assmannshausen nach Rüdesheim

»Schöne Grüße aus der Küche!« sagt die Kellnerin und serviert uns als Überraschung zum Aperitif ein Lachstörtchen. Dann kommt der Kellner, bringt die Weinkarte – ein dunkelgrünes, dickes Buch mit goldenen Lettern, welches die edelsten Tropfen der Welt enthält. Auf Seite eins bis zwölf Verlockungen aus den besten Rheingauer Lagen. Die »Krone« in Assmannshausen ist nicht allein für ihre Kellerschätze berühmt, sondern ebenso für ihre über 450 Jahre alte Hoteltradition. Davon zeugen die kiloschweren Folianten mit Gästeerinnerungen. Oder auch die Galerie schwarzweißer Fotoporträts im Künstlerzimmer. Kolorierte Stiche mit Motiven vom Rhein zieren die Treppenaufgänge, große bleiverglaste Fenster zeigen die Arbeit der Winzer; die Jagdtrophäen stammen aus dem nahen Niederwald. Und im Eingang hängt unter Glas das Originaldeckblatt jener Gedichtsammlung *Ein Glaubensbekenntnis* (1844), das Ferdinand Freiligrath, Stammgast in der »Krone«, im Zimmer mit dem Erkerturm (seit über 150 Jahren Freiligrath-Museum) als »kecken Schuß« in die politische »Stickluft« verfaßte:

Zu Aßmannshausen in der Kron'
Wo mancher Durst'ge schon gezecht,
Da macht' ich gegen eine Kron'
Dies Büchlein für den Druck zurecht!
Ich schrieb es ab bei Rebenschein,
Weinlaub ums Haus und saft'ge Reiser;

Drum wollt Ihr rechte Täufer sein,
Tauft's: Vierundvierz'ger Aßmannshäuser!

Bei einem 84er Assmannshäuser, freilich ein Jahrhundert später, genießen wir die Atmosphäre im einstigen Dichtertreff. Berthold Auerbach, Gottfried Keller, Emanuel Geibel, Friedrich von Bodenstedt, Paul Heyse, Theodor Fontane, Otto Roquette, Joseph Victor von Scheffel, Ernst von Wildenbruch, Gerhart Hauptmann, Franz Grillparzer, Friedrich Wolff – sie alle (und noch viel mehr) stiegen in der »Krone« ab und saßen dort, wo auch wir an diesem Abend Platz genommen haben: in jener urgemütlichen Stube mit Kamin und den kleinen Sprossenfenstern, die einen herrlichen Ausblick auf den Rhein und die zinnengekrönte Burg Rheinstein schräg gegenüber bieten. Jenes Relikt aus dem 13. Jahrhundert hatte sich Friedrich Wilhelm Ludwig von Preußen nach 1815, als die Rheinprovinz in preußische Hände übergegangen war, zu einer Art Wochenendsitz umgebaut. 1835 notierte Carl Gustav Carus, der Leibarzt am sächsischen Königshof, der Maler und Naturphilosoph, in sein Rheinreise-Tagebuch:

Da bellen gegen den Fremden hinter eisernen Gittern zwei gewaltige Doggen, da steigt man über manche Freitreppen und eine außen am Turm schwindelnd sich herumwindende Wendeltreppe; über zackige, freistehende Klippen wachsen breite Gehänge der Waldrebe, ein Adler wohnt da im Eisenbauer am Turm, von welchem die lange preußische Flagge herabweht, und prächtig breiten sich Strom und Ufer mit dem gegenüberliegenden Aßmannshausen vor dem Blick des Beschauenden aus.

← Ruine Ehrenfels - neu belebt

Noch heute existiert die Zugbrücke von Burg Rheinstein, ebenso die Prinzengruft, wo der einstige General nebst Gemahlin Luise Wilhelmine Prinzessin von Anhalt-Bernburg und dem gemeinsamen Sohn Georg Prinz von Preußen die letzte Ruhestätte fand. Jüngster Burgherr ist (nun auch bereits seit einem Vierteljahrhundert) ein Opernsänger, der die Bühne mit dem Platz an der Burgkasse eingetauscht hat. So sieht die postmoderne Romantik aus.

Der Kellner schenkt uns von unserem 84er nach und erzählt, daß das Künstleretikett auf der Flasche mit dem Titel »Lovis Corinth als Bacchus« eine Hommage an den späteren Präsidenten der Berliner Sezession darstellt, der sich 1907 zum Malen in der »Krone« einquartiert hat. Dann wird der nächste Gang serviert: geräuchertes Forellenfilet auf Meerrettichschaum. Als Kontrast zu dem im Barriquefaß ausgebauten Wein gibt es dazu einen 93er Assmannshäuser mit seinem eigenwilligen Schieferbodengeschmack. Dritter Gang: Kalbsfilet mit Maultaschen auf Scharlottenmarmelade...Die Verführungen wollen kein Ende nehmen. Noch ein Dessert? Einen Trester? Am nächsten Morgen, das steht für uns fest, machen wir eine Wanderung durch die Assmannshäuser Steillagen.

Ausgestattet mit Profilsohlen und Proviant geht es gleich nach dem Frühstück los. Der Weg ist schnell und mühelos zu finden. Denn Assmannshausen blieb seit seiner ersten urkundlichen Erwähnung anno 1108 klein und übersichtlich und in seiner »T«-Form unverändert: Am Rheinufer steht nach wie vor nur eine Häuserzeile (vor allem mit Hotels und Restaurants), in deren Mitte majestätisch die berühmte »Krone« thront; senkrecht dazu zwängen sich ins Tal kaum mehr als ein paar Dutzend Wohnhäuser. Verlaufen kann man sich hier also nicht, weil dem »T« entsprechend eben nur eine (leider nicht autofreie!) Straße durch das Weindorf führt. Und diese säumen jahrhundertealte Weinstuben mit Fachwerkfassaden, Butzenscheiben, Eichenholzmobiliar. Daß an den Wochenenden aus den meisten non-stop Life-Schunkelmusik dröhnt, ist mit Fassung zu tragen. Es sei denn, man fühlt sich denen zugehörig, die allein der »Stimmungslokale« wegen in den Rheingau fahren. Dem Reiseschriftsteller Key L. Ulrich gelang 1959 ein Schnappschuß, der kaum an Aktualität eingebüßt hat:

Dampfer entlassen durstige Ankommende, schnelle Boote laden Reisegesellschaften aus und ein, Busse bringen neue blasse Touristenfrachten, nehmen gebräunte wieder mit und reihen sich fauchend in die Kette der kleinen und großen Autos ein. Die frühe Dunkelheit und ein allabendlich aus dem Wispertal herabstürmender Wind vertreiben den heißen Tagesspuk, eine illuminierte Postkartenlandschaft bleibt zurück, in der Geigen schluchzen und Ziehharmonikas schnulzen, angestrahlte Uferpartien aufglühen, erleuchtete Schiffe vorbeigeistern. Als sei er im Programm vermerkt, entwirft der Mond auf den Rheinwellen ekstatische Tanzfiguren.

Von der gotischen Kirche im Herzen Assmannshausens (die Marienglocke von 1483 ist nach wie vor in Betrieb) ungefähr einen Kilometer ortsauswärts entfernt, beginnt die erste Kehre auf den imposanten Höllenberg. Dem Teufel begegnet man hier nicht, wohl aber lauter Halden (Steillagen), woher der Weinbergsname für den weltweit begehrten Assmannshäuser Spätburgunder stammt. Im Herbst liegt Assmannshausen im Brennspiegel der Sonne, hört man das »Kochen« der blauen Trauben. Und diese brachten die Zisterzienser aus ihrer Heimat, eben aus Burgund, in den Rheingau mit, wo sie in den violetten Verwitterungsschichten des Taunus-Phyllit-Schiefers einen idealen, sich rasch erwärmenden Boden fanden. Seit 1740 bauen die Assmannshäuser Spätburgunder in größerem Umfang an. Und schon bald nahm dieser stoffige Wein mit seinem feinen Mandelton den ersten Platz unter den Rebsorten ein. Neunzig Prozent der Assmannshäuser Rebfläche bedeckt er heute.

Der Serpentinenweg steigt sachte, aber kontinuierlich an und eröffnet schließlich ein herrliches Panorama in beide Richtungen des Mittelrheins: Tief unten, im blau-grauen Strom, gleiten gemächlich Schiffe und Schuten; die Kieselsteine der Sandbänke blitzen im hellen Licht; wie eine Modelleisenbahn wirken am gegenüberliegenden Ufer die vorbeieilenden Züge.

Rechtzeitig zu Mittag treffen wir nach gut zwei Stunden Fußmarsch (inklusive Pausen) in der Domäne Assmannshausen ein. Dieses zauberhaft gelegene Anwesen am Fuße der Rebstöcke lädt an diesem Wochenende zu seinem »Offenen Rotweinkeller« ein. Auf dem Hof plaudern an langen Holztischen Weinkenner und Gourmets. Denn zusätzlich zu den Tropfen, die ausgeschenkt werden, stehen in der Kelterhalle Regionalspezialitäten bereit. Spätburgunderüberraschungen warten im unterirdischen Gewölbe. Die Weinfässer sind mit Kerzen beleuchtet. Alles darf probiert werden: Spätlesen, Auslesen, Trockenbeerenauslesen, Eiswein.

An unserem zweiten Assmannshausentag schweben wir mit dem Sessellift (bis 1917 leistete eine Dampf-Zahnradbahn diesen Dienst) zum geschichtsträchtigen Niederwald hinauf. Nach dem Vorbild eines englischen Landschaftsparks errichteten hier 1764 die Grafen von Ostein ein Jagdschloß, welches bis heute ein beliebtes Ausflugsziel ist. 1774 wurde der eigentliche Park mit einer Reihe von Staffagen angelegt – darunter eine »Zauberhöhle«, bestehend aus einem 60 Meter langen, ummauerten Gang, in dessen Wände bunte, funkelnde Glassteine eingelassen worden waren. Die Höhle hat die Zeitläufte weithin unbeschadet überdauert, ebenso der »Rittersaal«, eine Art Waldbalkon mit Postkartenaussicht auf das legendäre Binger Loch. Auch die Kunstruine »Rossel« mit Blick auf den sagenumwobenen Mäuseturm und die Burg Ehrenfels steht noch da. Lediglich den griechischen Säulentempel »Monopteros«, in dem sich die Romantiker gern ihren psychischen Inspektionen hingaben (»Ich fühle jetzt recht«, bekannte Achim von Arnim unter der Kuppel stehend, »daß eine gewaltige Dichtung durch die Natur weht«), sucht man heute vergeblich. Vorbei an Mutter »Germania«, die der beschaulichen Gegend seit ihrer Einweihung 1883 jede Menge Lärm und Unrat eingebrockt hat, wandern wir durch die sattgrünen Blätterteppiche der Rüdesheimer Rebzeilen am Bischofsberg. Eingebettet von den Rieslingtrauben der Weinbergslagen Klosterberg und Klosterlay erhebt sich in der Ferne die wuchtige Abtei St. Hildegard. Die »Seherin von Bingen« gründete dieses Benediktinerinnenkloster 1165, nachdem das Kloster Rupertsberg an der Nahemündung in den Rhein keine ausreichenden Kapazitäten mehr besaß. Zweimal wöchentlich ließ sich die Meisterin nach Rüdesheim übersetzen, um im »gar anmutig mit Wein und Obst reich gesegneten Land« ihres Amtes zu walten.

Als die Schweden im Dreißigjährigen Krieg über das Kloster Rupertsberg herfielen, diente Eibingen den Nonnen als Zufluchtsort. Lange jedoch währte die Ruhe nicht. Nach bösen Zeiten der Hungersnot, Pest und Verwüstungen wurde es im Zuge der Säkularisierung 1802 aufgelöst und 1813 zum nassauischen Zeughaus umfunktioniert.

Der heutige Klosterbau stammt aus dem Jahre 1904. Benediktinerinnen der Abtei St. Gabriel in Prag, dem ersten Frauenkloster der Beuroner Kongregation, zogen damals in Eibingen ein und nahmen die alte hildegardische Tradition wieder auf, nähten feine Paramente, schnitzten Devotionalien, fertigten Goldstickereien und publizierten kritische Kommentare zu den gelehrten Schriften Hildegards. Und die Nonnen betrieben auch Weinanbau – bis heute. 4,5 Hektar umfaßt das Klostergut mit dem »Blut der Erde«. Während der Lese sind nahezu alle 80 Nonnen im Einsatz, manch eine steuert mit flatternder Kutte den Traktor. Für den Ausbau zeichnet ein Kellermeister verantwortlich – einer der wenigen Männer (oder sogar der einzige?) im klösterlichen Betrieb. In der klostereigenen Vinothek wird der Wein verkauft: »St. Hildegard« halbtrocken oder trocken. »Maßvoll genossen«, empfahl die Mystikerin, heile und erquicke ein Glas »zutiefst durch seine große Kraft«. Für das leibliche und seelische Wohl bieten die Nonnen außerdem Dinkel-Spezialitäten an: Gries und Flocken, Müsli und Zwieback, Nudeln und Brot. Und sie preisen das klösterliche Rezeptbuch über *Die Kunst, mit Dinkel zu kochen.*

Kurz hinter dem Feldtor, bis wohin sich noch im vorletzten Jahrhundert der Rüdesheimer Rebenwuchs ausdehnte, beginnt die kopfsteingepflasterte Oberstraße mit den einstigen Rüdesheimer Adelssitzen: dem Ritter'schen Hof, dem Bassenheimer Hof, dem Brömserhof – bis auf letzteren, der eine skurrile Sammlung mechanischer Musikinstrumente birgt, wohnen hier längst Normalsterbliche. Gegenüber in der Steingasse, die zum Rhein hinunterführt, stand früher auch manch ehrwürdiger Hof. Teile wurden vom Sickinger Hof und St. Viktoriastift in die Gegenwart gerettet. Den Zehnthof aus dem Jahr 1729 veredelten die Söhne aus dem Weingut Georg Breuer zum Weingasthaus und Hotel »Rüdesheimer Schloß«. Die lichtdurchfluteten Designzimmer – in der durchweg plüschigen Rheinhotellerie eine Wohltat – sind Vorboten einer neuen Romantik; die Weinkarte bietet unter ihren 300 ausschließlich Rheingauer Kreszenzen alle Jahrgänge seit 1929 lückenlos an. Kein Wunder, wenn hier die Crème de la Crème der Weinwelt zu Verkostungen (und auch zum Schlemmen) absteigt. In der Löhrstraße, der schönsten Rüdesheimer Gasse, die wenig später rechts abzweigt, kehren wir zu einem erfrischenden Schoppen im Gasthaus »Zur Lindenau« ein. Es ist der älteste Familienbetrieb in Rüdesheim. Anschließend schlendern wir zum »Malerwinkel« und von dort weiter durch den Torbogen des mittelalterlichen Klunckhartshofes Richtung Markt. Karl Korn erinnert sich daran, wie dieser in seiner Kindheit aussah:

Da gab es das alte Haus am Markt, wo die Tante wohnte, und direkt daneben das, worin der Großonkel Hannes mit seiner spindeldürren Haushälterin Sophie wohnte. Ein wunderbar knorriger alter Rebstock wuchs an beiden Häusern hoch, und sein Laub hing in die Zimmer des ersten Stocks hinein, in denen wir schliefen. In der Wohnstube unten im Erdgeschoß waren an die Wand in Öl Bilder vom Rhein gemalt (...) Die Hauswände waren über einen Meter dick, so daß regelrechte Fensternischen da waren, die eine Stufe höher lagen. Da konnte man sich hineinsetzen und ein Klapptischchen an der Wand hochklappen und dann in einer Art von kleinstem Kämmerlein ganz allein sitzen und die bunten Bilder in den Kalendern irgendwelcher Missionsgesellschaften betrachten oder hinausgucken auf den Marktplatz und den gerade vorm Haus liegenden, achteckigen Marktbrunnen, aus dessen vier Röhren Tag und Nacht das Wasser floß.

Nach dem Fliegerangriff am Katharinentag 1944, der mitten ins Herz der Stadt traf, lag über die Hälfte von Rüdesheim in Trümmern. Auch die damals noch mit wertvollen Renaissancefresken ausgestattete St. Jakobuskirche brannte fast vollständig nieder. Heute wirkt sie beinahe belanglos. Dennoch lohnt ein Blick in ihr Inneres, vor allem in das nördliche Seitenschiff, wo die Bildnisgrabsteine des Rüdesheimer Adels zu finden sind.

Vieles wurde in Rüdesheim originalgetreu wiederaufgebaut. Vieles aber auch verletzt das harmonische Bild oder wartet noch immer darauf – etwa in der Hahnengasse –, herausgeputzt zu werden, so wie es die weißgetünchten, schieferbedeckten Häuschen mit ihren blauen Fensterläden und dem Blumenschmuck in der Krummgasse demonstrieren. Und wenn man sich alte Fotos aus dem Rüdesheimer Stadtarchiv ansieht (gar nicht sehr weit zurückliegende), wird augenfällig, welchen Tribut jene unheilige Allianz aus Massentourismus und Verkehr verlangte: Einer Straßenverbreiterung mußte etwa jener Torbogen am oberen Ende der Steingasse weichen. Autos parken heute dicht an dicht dort, wo früher der schmale Sandweg der Burggasse entlangführte. Nicht zuletzt die Rheinstraße kannte schon bessere Zeiten, auch noch nach dem verheerenden Brand 1883, der viele Fachwerkhäuser mit ihren Rebenlauben hinweggefegt hat. Ganz zu schweigen von der Drosselgasse. Pferdefuhrwerke rumpelten hier noch Mitte der zwanziger Jahre ungestört hindurch. Und gewiß trotteten auch Esel mit den »Pilgern des Rheines« von den Anlegern durch die nur 144,5 Meter lange Gasse Richtung Niederwald. Abgesehen vom hübsch restaurierten Ensemble um den gotischen Adlerturm (ehemals der Eckpunkt Rüdesheims und als solcher Wahrzeichen für die Schiffer), sticht aus der Stadtsilhouette besonders die Brömserburg heraus. Dieser festungsähnliche Bau, dessen Ursprung auf ein Römerkastell zurückgeht, gilt in der mittelalterlichen Burgenarchitektur als einzigartig und bietet damit einen ehrwürdigen Rahmen für das Rüdesheimer Weinmuseum. Seit rund fünfzig Jahren ist es hier untergebracht: mit historischem Winzer-, Küfer- und Kellermeistergerät, kostbaren Kelchen, Krügen und Weingläsern und auch mit den Gästebüchern der Grafen von Ingelheim, die die Brömserberg 1811 erwarben und bis ins 20. Jahrhundert hinein zu einer Begegnungsstätte für die kulturelle Prominenz etwa eines Gustav Freytag, Ludwig Uhland, Gottfried Semper, Heinrich Heine, Johannes Brahms machten. Die weibliche Begleitung hielt sich mit Unterschriften zurück; nur sporadisch entdeckt man unter den zehneinhalbtausend Eintragungen bekannte Namen: Marianne von Willemer, die Gräfin Pückler-Muskau oder die Opernsängerin Asima Milder, der Beethoven seinen »Fidelio« gewidmet haben soll.

Noch bis 1960 wurde die älteste Rüdesheimer Burg von Efeuranken umschlungen. Seither präsentiert sie sich wieder in ihrer eigentümlichen Kubusform. Durch den Besitz des Rüdesheimer Rittergeschlechts der Brömser Anfang des 16. Jahrhunderts erhielt die Burg ihren bis heute gebräuchlichen Namen. Ursprünglich hieß sie Niederburg, im Unterschied zur Oberburg, dessen 35 Meter hoher Turm die benachbarte Burgenschwester übertrumpft. Ungezählte Künstler haben das Paar in Öl gemalt, gezeichnet, aquarelliert. Ähnlich wie die Burgruine Ehrenfels, die Diva unter ihresgleichen am Mittelrhein. Wie ein Felsennest 80 Meter hoch über dem Rhein erbaut, diente sie den Mainzer Erzbischöfen als Unterkunft und in gefährlichen Zeiten als Safe für den Domschatz und die erzbischöflichen Kleinodien. Mitte des 13. Jahrhunderts erhielt die Burg unten am Ufer eine Zollstation: Der auf einer kleinen Insel mitten im Strom errichtete Mäuseturm fungierte als Überwachungsposten für die Schiffer. 1631 belagerten die Schweden die Burg Ehrenfels, 1689 sprengten die Franzosen sie im Pfälzischen Erbfolgekrieg. Spätestens seit dem Beginn des Rheintourismus gehört die Ruine zu den meistbesuchten rheinischen Highlights. Und der gelbe, mit orangefarbenen Rändern angestrichene Mäuseturm, der wie ein erhobener Zeigefinger aus dem Wasser ragt, sorgt dafür, daß jene Armee flinker Nagetiere, die den Geizhals Hatto, »vor langer, langer Zeit Bischof von Mainz«, zu liquidieren trachtete, nicht in Vergessenheit gerät: Der finstere Held, der auf die Armut seines Volk pfiff, hatte auf dem Turm Zuflucht gesucht; doch die Mäuse waren ihm gefolgt und fraßen ihn »bei lebendigem Leibe« auf. Nachts sah man zuweilen rötlichen Dampf über dem Turm aufsteigen, das soll Hattos Seele gewesen sein...

Heute posiert der Mäuseturm (Mautturm) als beliebtes Fotomotiv. Niemand mehr schwimmt zu ihm hinüber – wie etwa 1851 der junge Otto von Bismarck. Der designierte Bundestagsgesandte hatte damals häufig Termine in Frankfurt, zog allerdings den Rheingau zum Übernachten vor und entspannte sich in den Rheinwellen. Die sportlichen Aktivitäten seiner heutigen Berufskollegen haben sich in die Weinberge verlegt – mit Reiten, Mountainbiken und Joggen.

→ Was soll das bedeuten?

Auf der Loreley

Die Wirklichkeit scheint sich redliche Mühe zu geben, dem Klischee zum Verwechseln ähnlich zu sehen. Wir jedenfalls wagen an diesem verregneten Julitag unseren Augen kaum zu trauen: Japaner über Japaner, die von der Loreley auf den Rhein hinunterschauen. Klick. Klick. Klick. Schnell ist das Panorama stromabwärts mit dem Wohnwagen-Idyll von St. Goar eingefangen. Dabei ist dies noch gar nicht der offizielle Aussichtspunkt, sondern erst der Parkplatz (in der vordersten Reihe, unmittelbar am Felsenrand, sind nur Busse zugelassen).

Die Lay, die Lore, die vom Felsen springt, warum? Wie war jetzt die Geschichte von der Frau und keiner andern? Auf der Vorderbühne steht der Dom, in den wird sie gezwängt, in der Pause wird umgebaut, dann steht der Felsen auf der Vorderbühne, von dem springt sie, das ist das Ende vom Lied, und der Anfang? Ist in Bacharach und fängt so an, wie alle Lieder anfangen, die so anfangen, daß der Mann da ist, und so weitergehn, daß er weg ist und die Frau wartet, daß er wiederkommt...

Uns fällt hier die Theatergeschichte aus dem Jahr 1987 von Ulla Berkéwitz ein. Über die Lay, die Lore, die Lure, die Hure, »singen sie am Rhein«. Die sich rot, weiß und schwarz anstreicht, die Männer unter ihre Röcke zieht, lacht und lacht, die Röcke unten zuzieht, bis die Männer ersticken und das Lachen weitergeht.

Große romantische Oper von Max Bruch nach der gleichnamigen Dichtung von Emanuel Geibel. Theater Oberhausen 1984.
Musikalische Leitung Antoni Wicherek. Inszenierung Fritzdieter Gerhards. Bühnenbild und Kostüme Jorge Villarreal. Chöre Anton Würl
Die Loreley
Eine Ko-Produktion des Theaters Oberhausen mit dem Orchester Remscheid und dem Sekretariat für gemeinsame Kulturarbeit in N.W.

Das hört der Bischof von Worms, da kriegt der Interesse und läßt sie sich kommen. Aber weil die Lay Röcke wie die Maria trägt, sieht der Bischof nur auf die Röcke.
Und weil in den ältesten Dommauern noch ein Hauch von jenem hängengeblieben ist, der hier mal war, am Anfang, als deshalb die Lieder davon am Ende so gut wie am Anfang waren, fällt der Lay ein, daß der Mann bei ihr war, als ihr Lied anfing, und da hört ihr Lachen auf.

Wer die Loreley nur vom Rheinufer aus kennt oder von einem Rhein-Rundfahrtendampfer, ahnt kaum, daß die Strecke von St. Goarshausen auf den 120 Meter hohen Felsen zunächst zu einem Plateau führt. Etwa nach der halben Wegstrecke zweigt links ein Weinlehrpfad ab. Natürlich heißt er »Loreley«. Genauso wie weiter vorn der Campingplatz oder rechts das Jugendheim. 1979 dichtet Peter Rühmkorf:

Ich reise mit Gedichten umher,
paarmal rundumerneuert
seit Achtzehnhundertichweißnichtmehr
Heinrich Heine die Lore beleiert.

Dann sind wir da. Werden empfangen von Tiefgaragencharme. Eine Schranke geht hoch. Auf dem Asphalt lauter Kippen, Dosen und Eispapier im Gebüsch. Warum ist es auf der Loreley so schön? Ist es überhaupt schön? Sollen wir nicht lieber gehen? Schon 1932 spottete Erich Kästner:

← Aufführungsplakat 1984 zur Oper »Die Loreley« von Max Bruch

Die Loreley, bekannt als Fee und Felsen,
ist jener Fleck am Rhein, nicht weit von Bingen,

wo früher Schiffer mit verdrehten Hälsen,
von blonden Haaren schwärmend, untergingen.

Wir wandeln uns. Die Schiffer inbegriffen.
Der Rhein ist reguliert und eingedämmt.
Die Zeit vergeht. Man stirbt nicht mehr beim Schiffen,
bloß weil ein blondes Weib sich dauernd kämmt.

Inzwischen hat ein nächster Bus mehrere Dutzend Menschen ausgespuckt. Die Männer tragen die Handtaschen ihrer Frauen, die Frauen tragen weiße Söckchen. Und weil es zu tröpfeln beginnt (»Keine Angst«, beschwichtigt der Busfahrer, der um die gute Laune bangt, »der Regen ist ganz warm!«), kommen die Frisuren unter eine Plastikhaube. Schnurstracks macht sich die Truppe auf zum Aussichtspunkt. Aha. Anschließend gibt es den gebuchten Kaffee und Kuchen. Victor Auburtin, der Weimarer Feuilletonist, hätte seine Freude gehabt und Kniebeugen empfohlen:

Auf dem Gipfel des Loreleyfelsens ist ein Turnplatz eingerichtet worden; mit Reck und Barren, und mit einer großen Halle für den Fall schlechter Witterung. Auch an Wirtschaftsgebäuden, Restaurants, Bedürfnisanstalten und so weiter ist kein Mangel zur Veranstaltung der nötigen Festlichkeiten...Die deutsche Turnerschaft hat durch die Vermittlung des Turngaues Südnassau den Felsen gekauft (was man heutzutage nicht alles kaufen kann!), und die Anlage ist sehr stilvoll geraten.

Zur Lore (= summen/rauschen) und Ley (= Felsen) ist alles gesagt. Bald fünfzigmal wurde allein Heines Gedicht vertont. Ungezählt blieben die weinseligen Lieder, Klavierstücke, Kantaten, Walzer, Ballette, Ouvertüren und sogar auch Opern (rund 50 an der Zahl – unter den Komponisten Schumann und Liszt, Johann Strauß Vater und George Gershwin), von denen sich allerdings kaum eine behauptet hat. Das fand Wolfgang Minaty heraus, der 1988 eine Anthologie von Gedichten, Prosa, Bildern zusammengestellt hat.

Das »Märchen aus alten Zeiten«, das gar kein Märchen ist, sondern eine Erfindung des Clemens Brentano, verwandelte den Felsen bei Stromkilometer 554 in eine Frau (»Zu Bacharach am Rheine/Wohnt eine Zauberin«). Bis dahin hatten um ihn herum, so glaubte man im Mittelalter, lediglich Zwerge und Gnome, Nymphen und Oreaden gehaust. Im 13. Jahrhundert wähnte man hier zudem den Ort, wo der Nibelungenhort versenkt sei. Plötzlich dann die Schöne, die eine Affäre hat, sich umbringt und andere mit ins Unglück stürzt. Aus diesem Stoff fabrizierte 1818 Aloys Wilhelm Schreiber eine Rheinsage und brachte diese in seinem *Handbuch für Rheinreisende* unters Volk (im Unterschied übrigens zu den Grimms, die die reale Herkunft der jungen Dame aus Bacharach kannten und sie darum nicht in ihre Sammlung aufnahmen). Zwanzig Jahre später ersann Friedrich Silcher passende Noten zur goldblonden Sirene Heinescher Provenienz – und diese avancierten beinahe zur Nationalhymne. 1888 Jean Erlanger:

Ich weiß nicht, warum miserabel
Zu Muth mir und ich so moros.
Eine längst antiquirte Fabel
Läßt mich partout nicht los!

Das Thermometer sinket,
Phlegmatisch fließt der Rhein.
Die Bergterrasse blinket
Superb im Abendschein!

Dort oben hat sich placiret
Ein Mädchen charmant in der That;
Sie ist mit Brillanten garniret
Und macht Toilette gerad'.

Mit gold'nem Kamm sich frisirend
Eine Arie sie intonirt,
Die, complet elektrisirend,
Ganz virtuos komponirt!

Den Schiffer im Liliputkahne
Ergreift vehementes Weh!
Er sieht nur die Courtisane
Dort oben im Negligé!

Enfin, das Ende der Fabel:
Er sank mit Eclat in den Rhein,
Und dafür ist responsabel
Die Loreley allein!

Auf unserer Fahrt zurück nach St. Goarshausen machen wir einen Abstecher nach Patersberg, einem verschlafenen Fachwerkdorf am Ende einer serpentinenreichen Straße. Kleine, bescheidene Häuser, eine Wehrkirche aus dem 12. Jahrhundert, in der Dorfmitte erinnert eine Tafel daran, daß hier 1556 ein Ziehbrunnen gegraben wurde, vor dem eine alte Linde stand, unter der »die Väter des Dorfes« zusammenkamen. Patersberg wirbt mit seinem »Dreiburgenblick«, wohl weil sonst kein Mensch herkäme. Dabei ist die Aussicht am Dorfrand hoch über dem Rhein eine der beeindruckendsten weit und breit: rechts Burg Katz, vis-à-vis die Ruine Rheinfels, links die Burg Maus mit dem Loreleyfelsen im Hintergrund. Der geographische Abstand zum dortigen Rummel tut gut und macht es möglich, Rose Ausländer in Ruhe zuzuhören:

Unter dem Rhein
singt die Lorelei

Fische
verschweigen das Lied

Ein hellhöriger Angler
fängt es heraus

schenkt es
uns allen

→ Mythos Drachenfels

KÖNIGSWINTER

Wären die Grünen schon im Vormärz dagewesen, hätten sie in Königswinter eine Anti-Steinbruch-Bewegung initiiert. So wurde die preußische Regierung aktiv, indem sie 1828 eine einstweilige Anordnung erließ, die Arbeiten im Steinbruch umgehend einzustellen: Ein Teil des Felsmassivs war eingestürzt! Dieser Unfall hat eine lange Vorgeschichte: Schon die Römer brachen Steine für Befestigungen und Burgen, Kirchen und Dome aus dem Drachenfels heraus. Und da direkt an dessen Fuß der Rhein vorüberfloß, stießen sie die schweren Trachytbrocken einfach nach unten. Matthäus Merian hat diese Rutsche 1646 auf einem Kupferstich dargestellt. Gefährlich nahe reichte der Steinbruch damals schon an die Kuppe der Drachenfelsburg (seit dem Schwedenüberfall eine Ruine) heran. Erst 1836 kam die Rettung, als der Drachenfels in preußischen Staatsbesitz überging. Doch, so fragte man sich, warum das kleine Wirtshaus unterhalb der Burgruine nicht weiterhin verpachten? Hatte es nicht immer schon ansehnliche Summen von Talern eingebracht? Noch im selben Jahr, 1836, zog Gastwirt Moritz Mattern samt Frau und seinen fünf Kindern, Magd und Knecht, Esel und Kuh, Hahn und Huhn auf dem Drachenfels ein. Und wurde steinreich. Zu diesem Glück trug vor allem auch sein hauseigener Sekt »Drachenblut mousseux« bei. Man ließ die Korken knallen und weihte 1888 in Königswinter das »Hotel Mattern« ein.

← **Die Wolkenburg beim Drachenfels im Siebengebirge 1937**

Der rege Verkehr, der sich am Ufer entfaltet, die Dampfer, die hier anhalten, die fliegende Brücke oder Pont, welche unablässig den Fluß kreuzt, die Kähne, die hin- und herschweben, die Wagen, die am Ufer stehen, die stattlichen Gasthöfe, deren Inschriften schier auf der anderen Rheinseite zu lesen sind, bekunden, daß hier der Hafenplatz des Siebengebirges zu suchen ist.

Mitte Fünfzig war der Lustspielautor, Literat und Lyriker Wolfgang Müller (genannt von Königswinter, weil 1816 in dem »blanken, sauberen Städtchen« geboren), als er diese Zeilen verfaßte. Alle Steinbruchbetriebe hatten die Preußen inzwischen stillgelegt. Das Siebengebirge (in Wahrheit zählt es rund 40 Berge) wurde Deutschlands erstes staatliches Naturschutzgebiet. 1869 konstituierte sich der »Verschönerungsverein für das Siebengebirge (VVS)« und legte als kosmetische Pioniertat Fahr-, Fuß- und Reitwege an.

Der Vater trug Breecheshosen und Wickelgamaschen und einen Rucksack auf dem Rücken; die Mutter trug ein Korsett, das ihr zu schaffen machte, bergauf und im Mittagssonnenschein; die Kinder trugen ihr altes Zeug, damit sie sich tummeln konnten, auch abseits der Wege – kurzum: es war in den zwanziger Jahren und im Siebengebirge, und ich war eins von diesen Kindern. Ich war eins von diesen Kindern, deren Bewußtsein, deren Gemüt für alle Zeiten unauslöschlich von den romantischen Zeichen und Runen dieses Waldgebirges beschrieben wurde. Noch heute schmecke ich die Namen wie Beeren und Nüsse: Drachenfels, Wolkenburg, Löwenburg, Nonnenstromberg, Ölberg, Nachtigallental, Einsiedlertal, Rosenau, Auge Gottes, Heisterbach, Zinnhöckchen, Jungfern-

hardt – und die Namen der Höfe, in denen man einkehrte, benannt nach den großen Heiligen: Margaretha, Sophia, Gertrud, Thomas und St. Peter...
Aber die mythischen Namen, denen Drache und Löwe, Wolke und Nachtigall, Öl und Rosen und Nonnen innewohnen, waren die stärksten; wie bereit war man, sich von ihnen verzaubern zu lassen! Die Magie dieser Namen war die eigentliche Anziehungskraft des Ortes, mehr noch Anziehung als das, was an Bildern dem Auge sich bot.

Und auch die Magie der Sagen, erinnert sich Vilma Sturm, die Feuilletonistin und Kollegin Karl Korns, 1959 in ihrem Buch *Unterwegs am Rhein, an der Mosel und anderswo* mit Zeichnungen von Holger Runge (der ein Faible für Georg Grosz erkennen läßt), zog die Kinder in ihren Bann, vor allem wenn der Vater zu erzählen begann: zum Beispiel von der schönen Christenjungfrau, die dem Drachen zum Fraß vorgeworfen werden sollte, durch das Kreuz auf ihrer Brust aber gerettet wurde, oder von Jung-Siegfried, der hier den Lindwurm erlegte. Und natürlich von den sieben Riesen, die man einst gerufen hat, das Gebirge zu durchstechen, damit es nicht länger den Rhein staue. Sie kamen, sahen und legten los. Und als die sieben Riesen ihre sieben Spaten abklopften, entstanden die sieben Berge. Hinter diesen richteten sich eines Tages die sieben Zwerge ein – und boten Schneewittchen auf der Flucht vor der bösen Stiefmutter Asyl.

Bei aller Schönheit, die das Siebengebirge heute bietet, hat sich das Märchenhafte doch weithin auf- und davongemacht. Wo es früher von Einsiedlern und Teufelspakten nur so wimmelte, rücken alljährlich Millionen von Touristen und Wochenendausflüglern an. 1937 schon war das Drachenfelsburgrestaurant diesem Ansturm nicht mehr gewachsen. Doch weil das klüftige

Trachytgestein, dem der schützende Humus fehlte, stark witterungsgeschädigt war, kam ein Erweiterungsbau nicht sogleich in Betracht. Aus Stahlbeton verpaßte man der Drachenfelskuppe darum eine Halskrause. 1971 überreichte der Europarat Deutschlands »meistbestiegenem Fels« ein Diplom wegen der vorbildlichen Naturschutzkultur drumherum: 200 Kilometer Wanderwege, 21 Parkplätze, 31 Rastplätze und 31 Schutzhütten, 6 Teichanlagen, 500 Ruhebänke, 60 Hinweistafeln und 200 Wegweisersteine. 1976 öffnete das neue Burgrestaurant seine Pforten: Auf der überdachten Terrasse, auf dem Ostbalkon, in der Schenke und im Biergarten konnten ab sofort 800 Personen bedient werden. Am schönen, goldnen Rhein! Zu zwein allein! Doch allein ist man, wenn überhaupt, in Königswinter nur in den Nebenstraßen. Und in den Gassen hinunter zum Rhein. Genauso wie in Rüdesheim. Da überrascht dann, etwas versteckt, zum Beispiel ein Antiquitätengeschäft mit kostbarem, auch »rheinischen« Interieur. Oder der weißgetünchte, liebevoll restaurierte Tomberger Hof (ein ehemaliger Gutshof aus dem 12. Jahrhundert) mit dem Weingut Manfred Müller – alljährlich wird es vom Gault Millau empfohlen. »Im Tubak«, einem Gasthaus von Anno 1693 im Knusperhäuschenlook, kehren wir am Abend ein und planen für den nächsten Tag Ausflüge in die nähere Umgebung. Dafür ist Königswinter ein idealer Standort. Nach Oberdollendorf, ein rebenumwachsenes, ruhiges Fleckchen, soll es gehen; nach Erpel und Linz. Und nach Unkel, dem einstigen »Belvedere am Rhein«, das auf dem Höhepunkt der Rheinromantik den literarischen VIPs als Rückzugsort und In-Treff diente: So weilte hier Johanna Schopenhauer mit Tochter Adele von 1829 bis 1832 im Zehnthof der »Rheingräfin« Sybille Mertens-Schaaffhausen; aus unmittelbarer Nachbarschaft kam Karl Simrock, selbst auch Weinbergbesitzer und bekannt wegen seiner »altdeutschen Ruhe«, auf einen Schoppen vorbei;

Nikolaus Becker, der Nationalist, rezitierte hier 1841 seinen Hit »Sie sollen ihn nicht haben,/ Den freien deutschen Rhein«; Ferdinand Freiligrath führte in seinem »Strolchenfels« an der Rheinpromenade ein ausschweifenden Poetendasein, indem er »viel gelebt und geliebt, aber wenig gedichtet« hat.

Und wir? Wir weiden uns im Bilderbuchstädtchen Unkel an den prächtigen, mit bleiverglasten Fenstern und bunt bepflanzten Blumenkästen ausgestatteten Fachwerkhäusern vor allem in der Pützgasse – hier auch steht die pinienzapfengeschmückte Pumpensäule von 1759; an der Ecke Lehngasse gelangen wir dann zum »eigenwilligsten Haus am Mittelrhein«, wie es in einem rheinischen Kunststättenführer heißt: dem »Bügeleisen«, so genannt nach seiner im ersten Stock halbkreisförmig vorspringenden Bauform. Schließlich treffen wir in Unkel auf die schönsten »Rheinschnitten« zwischen Mainz und Köln. Diesen Begriff kreierte Karl Korn für »das glitzernde, smaragdgrün schimmernde Stück Fluß«, das zwischen den Hauswänden (fast) einer jeden senkrecht zum Rheinufer hinunterführenden Gasse, »wie in einem zauberischen Guckkastenbild« sichtbar wird.

Wer in den Rheinufernestern zu Hause ist und nicht direkt am Strom wohnt, der kennt den Rhein aus diesen kuriosen »Schnitten«.

Auf unserer Rückfahrt nach Königswinter machen wir einen kurzen Halt auf der Höhe der Insel Grafenwerth. Franz Liszt wollte diese große, mit alten Pappeln bewachsene Aue kaufen. Aber die Kosten der Uferbefestigung, die er dann hätte übernehmen müssen, waren ihm zu hoch. 1842 und 1843 hatte er mit seiner Frau, der Gräfin d'Agoult, hier die Sommer genossen und Heines Gedicht *Am Rhein im schönen Strome* vertont.

→ Eine Alltagsfrau

Mainz

Die passendste Visitenkarte von Mainz entwarf unlängst der Romanautor und Stückeschreiber Lothar Schöne:

Mainzer Dom, Mainzer Altstadt, Mainzer Uni, Gutenberg und Mainz, Zweitausend Jahre Mainz, Mainzelmännchen, Mainzer Fastnacht, nein: Määnzer Fassenacht. Määnz: schon der Name ist kurios. Er geht störrisch von der Zunge und klingt doch wie ein gequetschtes besitzanzeigendes Fürwort. Die Mainzer mögen ihre Stadt, und es ist kein Zufall, daß der Autoaufkleber »Mainz ist meins« durch und durch überparteiisch gemeint ist. Mainz ist eine Alltagsfrau. Es lebt sich mit ihr, gewissermassen, recht problemlos. Nicht gerade aufregend, aber auch nicht besonders anstrengend. Sie fordert nicht andauernd heraus, sie will nicht ständig wissen, daß sie die Schönste ist und wie sehr man sie liebt, das ist ihr nicht so wichtig, da macht sie nicht so große Worte, da ist sie ziemlich selbstbewußt. Vielleicht spürt sie auch, was man selbst ein bißchen zu wissen glaubt: irgendwie fühle ich mich ganz wohl bei ihr. Drüben auf der anderen Rheinseite klingt das ganz anders. Wiesbaden, Wies-ba-den. Das tönt wie eine Dreiklanghupe und scheint andauernd zu rufen: Weißt Du überhaupt, wo Du bist?

← Nach 1945 hatte die amerikanische Besatzungsmacht den Rhein zur Grenze zwischen Rheinland-Pfalz und Hessen erklärt – Mainz verlor dadurch seinen alten Stadtteil Kastell

Ja, ja. Mainz und Wiesbaden. Das ist wie Glasgow und Edinburgh. Ein nicht totzukriegender Zwist unter zwei Schwestern, die keine Gelegenheit ungenutzt lassen, über die andere herzuziehen. Dabei hat jede ihre festen Sympathisanten, die ihrerseits aufeinander losgehen, wenn sich ein Neuankömmling blauäugig danach erkundigt, was die eine und die andere an Sehenswertem, Historischem, Unverwechselbarem besitzt. Denn für Mainz oder für Wiesbaden zu sein: Das ist eine Glaubensfrage.

Nicht-Mainzer stellen sich die Mainzer zumeist so vor, wie sie beim Karneval im ZDF, schunkelnd bis über den Bildschirmrand, zu sehen sind: munter babbelnd in der Bütt, singend und lachend, »setz die Kapp uff und mach mit«. Als Ludwig Harig 1987 Mainzer Stadtschreiber war, warf er sich mitten ins närrische Treiben und wischte sich die Schweißperlen von der Stirn:

Trompetensignal, Stimmengewirr, Vorhangrauschen; unter ohrenbetäubendem Lärm zieht die Garde in den Saal ein, aller preußische Schneid, aller bayrische Krach, aller französische Pomp, verglichen mit dieser monströsen Kakophonie, ist nur Flügelschlag kultivierten Militärs, Hauch uniformierter Etikette; die Ranzengarde mußte es von Anfang an mit Preußen, Bayern und Franzosen aufnehmen, und ihr karnevalistisches Regiment, drum rauher, robuster, vulgärer begründet, konnte nicht mit gesitteten Gepflogenheiten kokettieren. Die Trommler hauen doppelt so fest auf das Fell, die Trompeter blasen doppelt so kräftig in das Blech, und die Flötistinnen hauchen doppelt so heftig in die Piccolos als es nötig wäre, den Saal in ein Tollhaus zu verwandeln. »Dem Musikzug unsrer Gadde ein dreifach donnerndes Helau!« ruft der bärtige Präsident, und tatsächlich, ein dreifacher Donner geht über den Saal nieder und erstickt die Seufzer unseres Zwiegesprächs. Danach singen wir.

Mainz bleibt Mainz. Seit eh und je verkörpert es ein illustres Volk von »Lebenskünstlern«, das nie seine »freudige Seelenruhe« verliert, wie uns der Dramaturg, Fernsehautor und Schriftsteller Nino Erné in seinen *Nachrichten aus Mogontiacum* erzählt. Bester Beweis auch für die Gelassenheit der Mainzer ist ihr Akzent, das »Määnzer Deitsch«, mit dem man überall empfangen wird:

Täglich hört mer die vertraute
Wundersame Määnzer Laute
Uff de Gass, in Stub und Küch –
Unverfälschtes Määnzerisch!

Aabemick un Butzebewel,
Kniddelkannche, dumm Gebrewel,
Labbeduddel, goldisch Bobb,
Naz un Eckstäähauwekobb,
Utschebebbes, Plasterschisser,
Knodeforz un Griwwelbisser,
Schlubbert, Aaschert – gell wie schee!
Enne denne dußmanee.

Was der Mainzer Mundartdichter Hans Gundrum mit der Muttermilch aufgesogen hat, schreckte den fahrenden Poeten Hanns Dieter Hüsch, der 1946 aus seiner niederrheinischen Geburtsstadt Moers zum Studium nach Mainz gekommen war, vehement ab. Verstand er doch »werklisch« kein Wort, als er zum erstenmal die Gutenbergstadt betrat und mit der Straßenbahn nach Bretzenheim fuhr:

Ich dachte, ich bin auf einem anderen Kontinent, nicht nur in einem anderen Land, sondern in einer anderen Welt, aber die

Leute babbelten drauflos, als wäre das die einfachste Sprache auf der Erde, aber man merkte auch, daß sie sich mit ihrer Sprache und ihrer Schnelligkeit immer über etwas hinwegsetzten, und daß der Krieg ihre schöne alte Stadt, ihr altes Mainz zerstört hatte, und daß sie jetzt alle, wie schon so oft, wieder von vorne anfangen mußten, und daß hinter ihren Kleinstadtstirnen, Mainz ist ja Gott sei Dank keine Großstadt, sondern für mich immer eine große Kleinstadt, hinter ihren Kleinstadtstirnen eine Menge Großzügigkeit steckte und auch eine gewisse Geschichtsschnoddrigkeit, die sich aber keinen Hochmut erlaubte.

Das stimmt zweifellos. Bei allem Patriotismus gibt sich Mainz zurückhaltend, genügsam, bescheiden. Eben ganz wie eine Alltagsfrau. Und im Unterschied zu ihrer eher gestylten Schwester fällt Mainz nicht gern auf. Dabei quillt die Stadt von ihrer 2000-jährigen Geschichte nur so über, hält sie die höchsten Trümpfe in der Hand: die große Zeit der Römer, später jene Ära Mitte des 13. Jahrhunderts, als der Rheinische Städtebund das Goldene Mainz zu seinem Haupt auserkoren hat; 1792 konstituierte sich mit Georg Forster als Wortführer die Mainzer Republik. Noch drei der ursprünglich acht »Professorenhäuser«, von denen der Weltumsegler und Naturhistoriker die Nr. 5 bewohnt hatte, stehen heute in der Neuen Universitätsstraße. Forsters Frau Therese, ein »herrliches Weib«, wie Wilhelm von Humboldt zu sagen pflegte, »mit unendlich viel Geist«, trug entscheidend dazu bei, daß die Schicksalsplaner der Zeit in der Beletage zusammenkamen. Und dazu zählten auch Caroline von Böhmer, geborene Michaelis, später mit Schlegel verheiratet, dann mit Schelling, sowie Meta Forkel, geborene Wedekind – diese »Universitätsmamsellen«, die es im Zuge der Französischen Revolution nach

Mainz verschlagen hatte, entdeckten bei den abendlichen Teegesellschaften der Forsters auch für sich den »Kultus der Individualität, statt in die Kirche zu gehen«, wie die Mainzer Autorin Marlene Hübel in ihrem entzückenden Buch *Mein Schreibetisch. Schriftstellerinnen aus drei Jahrhunderten. Spurensuche in Mainz* (1994) darlegt. Therese Forster übrigens hatte, was oft vergessen wird, ein Rheinreisejournal zu Papier gebracht, das Christoph Martin Wieland 1806 in seinem »Teutschen Merkur«, einem jährlichen Periodikum, veröffentlichte – ähnlich wie schon 1788 jenen Auszug aus dem 700 Seiten umfassenden Rheinreisebericht der »Dame auf dem Parnaß des 18. Jahrhunderts«, Sophie LaRoche, die bis 1761 am kurfürstlichen Mainzer Hof des Grafen Friedrich von Stadion inmitten der Galanterien, Frivolitäten und Intrigen des Rokoko eine vielbewunderte Figur abgegeben hat. Die Frage, warum sie zeitgenössische Maler, darunter Johann Heinrich Tischbein d. Ä., mit Spitzenhäubchen und schmalem, ernstem Mund reichlich bieder porträtierten, wäre eine Untersuchung wert.

Doch zurück in die Dramaturgie der Gegenwart. Und dazu begeben wir uns zunächst auf den ehemaligen Halleplatz. An der Stelle der heutigen Rheingoldhalle (quadratisch, praktisch, aber nicht gut) befand sich vor dem Zweiten Weltkrieg die von den Mainzern heißgeliebte »Gut Stubb«: nämlich die Alte Stadthalle, deren Festsaal 52 mal 27 Meter maß – ein kraftstrotzender Vergnügungspalast; schräg gegenüber das Rathaus von 1973, wegen seiner hohen, dunklen Rastergitter an der grauen Marmorfassade auch »Zuchthaus« genannt. Und während der Amtszeit von Jockel Fuchs? Natürlich »Fuchsbau«. Was sonst?

Wir gehen Richtung Markt, gelegen zwischen dem Höfchen, einst Mittelpunkt der Stadt, wo sich bis zum 15. Jahrhundert die erzbischöfliche Residenz befand, und dem Liebfrauenplatz. Ein

Pflasterstein deutet den früheren Grundriß der Liebfrauenkirche an, die hier, vor dem Ostchor des Doms, 975 gegründet, 1793 zerstört und 1807 abgetragen worden war. Mittwochs, freitags und samstags, wenn vor den barocken Domhäusern der Mainzer Wochenmarkt abgehalten wird, liegt ein fast schon südländisches Flimmern in der Luft. Jeder, der an den markisenüberspannten Obst- Gemüse- und Blumenständen vorbeizieht, scheint grenzenlose Zeit zu haben. Und wer um zehn Uhr im Domcafé sitzt, wird dies mit einiger Wahrscheinlichkeit auch noch um zwölf, um eins oder gar um zwei tun. Nicht umsonst vermerkt Lothar Schöne auf seiner Visitenkarte: »Das Dösige der Stadt, das Verdöste, ist an allen Ecken und Enden zu erkennen.« Eher vital, vor allem flink, sind allerdings die Marktbeschickerinnen. »Imponierende Originale« fand man früher unter ihnen, erinnert sich Carl Zuckmayer:

Sie kamen von Mombach, oder Budenheim, noch mit dem bespannten Fuhrwerk, einige wohl auch mit der Pferdebahn, die mit lautem Hufklappern, Achsenrattern und Klingeln vom Kaisertor durch die schmalen Straßen bis zum Neutor trabte, sie kamen von Gonsenheim, Finthen und Bretzenheim mit der Dampfbahn, die so langsam fuhr, daß die Buben aus ihren Fenstern heraus reife Kirschen von den Bäumen pflückten, und die schnaufend und prustend am Münsterplatz anhielt: von dort marschierten die Marktfrauen, mit wiegenden aber festen Schritten, den großen schweren Korb überm wohlfrisierten, festgeflochtenen ›Nest‹ auf den Kopf gestellt, von einem ringartigen, weichen Tragkreuz unterstützt, die Hände in die Hüften gestemmt oder die Arme leicht schlenkernd, immer ein Witzwort auf den Lippen oder auf Anruf zu einer schlagfertigen Antwort bereit, – so schritten sie dahin, die

Große Bleich entlang und dann durch die engeren Straßen bis zu ihren Marktständen.

Mit Tüten voller rotbackiger Ingelheimer Augustäpfel unterm Arm besichtigen wir den Dom. Er schließt mit seiner Südseite direkt an den Markt an und verbreitet Güte und Geborgenheit, so als sei er der Familienvater der Stadt. Schwellenängste läßt er gar nicht erst aufkommen, noch weniger das Gefühl einer weltabgeschiedenen Distanz. Vielmehr steht er mitten im Leben, statt »in der künstlich geschaffenen kahlen Feierlichkeit eines offenen Platzes«, wie Werner Bergengruen es ausgedrückt hat. Und Rudolf Krämer-Badoni, der während seiner Gymnasiastenzeit mit einem Rheingauer Kunstlehrer alle paar Wochen Exkursionen zum Mainzer Dom zwecks kunsthistorischer Detailstudien unternahm, empfand:

Uralt und sehr jung, so liegt der Riese da, ein Symbol der Ecclesia. Uralt die Stirn nach Osten, aber bedeckt mit einem Hut nach der Mode des neunzehnten Jahrhunderts. Uralt die Stirn nach Westen, aber mit einer Phantasie-Kopfbedeckung aus dem achtzehnten Jahrhundert, eigens für Mainz angefertigt, nirgends sonst auf der Welt zu sehen. Und aus all diesen über tausend Jahre hin jederzeit unbekümmert beigesteuerten Gliedmaßen ist ein urbanes, kostbares, würdevolles Individuum geworden, das Herz dieser Römer- und Reichsstadt, das von Anfang an die Bürgerkinder dicht an sich heranzog, von Ewigkeit träumend und das Vergängliche einverleibend.

Neben den Domen zu Speyer und Worms zählt der Mainzer zu den herausragenden Beispielen deutscher Baukunst im frühen Mittelalter. Die Liste seiner Architekten und Förderer ist lang: Erzbischof Willigis (975-1011) hatte den Grundstein zu dem an das frühchristliche Baptisterium anschließenden Bau gelegt, der am Tage seiner Einweihung jedoch in Brand geriet; Kaiser Heinrich IV. zeichnete um 1100 für den Neubau, den Erzbischof Adalbert I. von Saarbrücken (1111-1137) umsetzen ließ; Erzbischof Konrad I. von Wittelsbach (1183-1200) sorgte für die Wiederherstellung der in weiteren Bränden zerstörten Schiffe; unter Erzbischof Siegfried III. von Eppstein (1230-1249) wurde das Kreuzrippengewölbe eingeweiht; der erste Eingriff in den romanischen Dom erfolgte gegen Ende des 13. Jahrhunderts; Franz Ignaz Michael Neumann (1733-1785), der Sohn des Würzburger Schloßbaumeisters Balthasar Neumann, gab dem zwischen 1769 und 1774 ausgebrannten Vierungsturm und seinen Seitentürmen die barocken steinernen Abschlüsse; unter der französischen Herrschaft wurde die Domruine als Magazin benutzt (der Präfekt Jeanbon de St. André hatte sogar den Abriß des Doms erwogen!) – 1813/1814 diente diese als Viehstall, Kaserne, Lazarett; um die Mitte des 19. Jahrhunderts setzten abermals umfassende Reparaturen ein; die letzten Beschädigungen verursachten 1942 die Alliierten, als sie die Domdächer zur Zielscheibe ihres Luftangriffes nahmen. Im selben Jahr hatte Anna Seghers im Pariser Exil *Das Siebte Kreuz* geschrieben. Und noch etwas war 1942 geschehen: Anna Seghers' Mutter, Hedwig Reiling, wurde von den Nazis aus ihrer Wohnung in der Fischtorstraße zusammen mit 450 Mainzer Juden nach Piaski bei Lublin in Polen deportiert und dort umgebracht; Anna Seghers' Vater, Isidor Reiling, war bereits vorher eines natürlichen Todes gestorben. *Das Siebte Kreuz* schildert die Flucht von sieben Häftlingen aus dem Lager Osthofen (welches Anna Seghers Westhofen nennt); lediglich der Hauptheld, Georg Heisler, schaffte es, zu entkommen. Dabei verbrachte er eine Nacht angsterfüllt im Mainzer Dom:

Die Dämmerung drang nicht von außen ein wie an gewöhnlichen Abenden. Der Dom selbst schien sich aufzulösen und zu entsteinern. Die paar Weinranken an den Pfeilern und die Fratzengesichter und dort ein zerstochener nackter Fuß waren Einbildungen und Rauch, alles Steinerne war am Verdunsten, und nur Georg war vor Schreck versteinert. Er schloß die Augen. Er tat ein paar Atemzüge, dann war es vorbei, oder die Dämmerung war noch ein wenig dichter geworden und dadurch beruhigender. Er suchte sich ein Versteck. Er sprang von einem Pfeiler zum anderen. Er duckte sich, als sei er noch immer beobachtet. An dem Pfeiler, vor dem er jetzt hockte, lehnte, gleichmütig aus seiner Grabplatte über ihn hinwegsehend, ein runder gesunder Mann, auf seinem vollen Gesicht das dreiste Lächeln der Macht. In jeder Hand eine Krone, unbemerkt von Georg, krönte er unablässig zwei Zwerge, die Gegenkönige des Interregnums. Georg sprang in einem Satz, als seien die Zwischenräume belauert, zu dem nächsten Pfeiler. Er sah an dem Mann hinauf, dessen Kleider so reich waren, daß er sich hätte hineinwickeln können. Er fuhr zusammen. Ein menschliches Angesicht, das sich über ihn beugte voll Trauer und Besorgnis. Was willst du denn noch, mein Sohn, gib auf, du bist schon am Anfang zu Ende. Dein Herz klopft, deine kranke Hand klopft. Georg entdeckte einen geeigneten Ort, eine Mauernische. Er rutschte quer durch das Seitenschiff, unter den Blicken von sechs Erzkanzlern des Heiligen Römischen Reichs, mit einer abgespreizten Hand wie ein Hund, der sich eine Pfote geklemmt hat…

An die Jahrhunderte währende Geschichte des jüdischen Magenza gemahnen in der Stephanskirche neun aquamarinblaue, von Marc Chagall 1973 bis 1985 geschaffene Fenster. Der steile Weg die Gaugasse hinauf (seinerzeit der höchste Platz innerhalb der Stadtmauern) lohnt sich allemal; ebenso ein Besuch des Alten Jüdischen Friedhofs außerhalb der Stadt in der Mombacherstraße; dort steht ein Grabstein aus dem Jahre 1049 – europaweit der älteste in der jüdischen Grabkultur. Sehr lebendige und kenntnisreiche Führungen gerade auch zum ehemaligen Judenghetto zwischen Großer Bleiche und Klarastraße bietet der Mainzer Uni-Verein »Geografie für alle« an. Dauer: zwei bis drei Stunden, Kostenpunkt: 10 Mark. Zum Abschluß bitten die Geografiestudierenden, in der Regel sind es höhere Semester, noch zu einem gemeinsamen Umtrunk, zum Beispiel im Café Dell'Arte in der Badergasse. Spätestens an diesem legeren, doch zugleich äußerst aparten Ort, wo diskutiert und gelesen, pausiert oder in das mit Palmen, Kakteen, Rosen und fröhlichen Kletterblumen prallvolle Galeriegärtchen hineingeträumt wird (Pflanze für Pflanze kutschierte die Besitzerin eigenhändig in ihrem Auto aus Italien herauf), spätestens hier wird klar, daß Mainz auch eine Menge intellektuelles Publikum hat: Hochschulleute, Filmemacher, SWR-Journalisten, Schauspieler (zum Beispiel aus dem »Unterhaus«, einer der besten Kleinkunstbühnen Deutschlands) und natürlich auch Musiker und Komponisten. Im Weihergarten, einer ruhigen Gasse südlich vom Bischofsplatz, hatte Bernhard Schott 1770 seinen Musikverlag aufgemacht. B. Schott's Söhne, so der heutige Firmenname, führten das Werk des »Hofmusikstechers« fort. Beethoven und Wagner, Liszt und Humperdinck waren die ersten bedeutenden Auftraggeber. Später kamen Hans Werner Henze, Carl Orff, Arnold Schönberg, Paul Hindemith hinzu. Im Haus-Museum des seit 1792 unveränderten Verlagsgebäudes sind Autographe und Noten ausgestellt; intime »Weihergarten-Serenaden« werden an lauen Sommerabenden im bunt bewachsenen Innenhof aufgeführt – ein rheinisches Arkadien.

Im Jahr 1945 lagen 80 Prozent der Mainzer Altstadt zerfetzt und zerborsten am Boden. Noch bis in die siebziger Jahre hinein wurde das Blut gestillt. An viele für immer tote Ecken und Enden drängelte sich unterdessen ein Stil-Wirrwarr, oft übelster Provenienz. Trotzdem. Die mit immensem Aufwand restaurierten, bis zu vierhundert Jahre alten Fachwerkhäuser (am Kirschgarten, in der Augustinergasse, in der Leichhofstrasse) haben es geschafft, das Gesamtbild der Altstadt zu dominieren – unterstützt von urgemütlichen Traditionsweinstuben wie »Hottum«, »Zum Spiegel« oder »Rote-Kopf«, in denen nicht aus Römern, sondern aus Bechergläsern getrunken wird; in Bastkörbchen daneben warme Brezeln, »all noch mit de Hand gemacht«.

Ein doppeltes Jubiläum feierte im Millenniumsjahr die Buchdruckerkunst: Ihr Erfinder, Johannes Gutenberg, erblickte 1400 in Mainz das Licht der Welt; das Gutenberg-Museum eröffnete 1900, und zwar im »Haus zum Römischen Kaiser«, das ab 1774 eine vornehme Fremdenherberge war und zum Imperium des Edmund Rokoch gehörte, dem Mainzer Großkaufmann, Weinbergbesitzer und kurfürstlichen Weineinkäufer. Eine Besichtigung des Spätrenaissancehauses gehört zum Programm spezieller Rundgänge zu den Wirkungs- und Gedenkstätten Gutenbergs. Und die werden wieder von Studierenden (meist der Geschichte) geführt, einschließlich einer Demonstration an der nachgebildeten Gutenberg-Presse mit den beweglichen Lettern.

Aus familiärem Gestein
die Treppenstufen Ich Du Ihr Wir
Museumsbewohner schwach erleuchtet:
Zerebral veranlagte Ausstellungsstücke
hinter schützendem Glas klimatisiert:

Keimzelle von vorwörtlichem Schlaf
während draußen Nächte aufkommen
und wieder sterben: Ausgesperrt
ihr düsteres Wesen
ihre fraglose Endgültigkeit
in den Katalogen immer
sorgsam unerwähnt.

Als Günter Kunert – 1990 Mainzer Stadtschreiber – das Gedicht *Abends im Gutenberg-Museum* schrieb, war der Wettbewerb zur Museumserweiterung, die ebenfalls im Millenniumsjahr gefeiert wurde, gerade ausgerufen worden. »Diskret und geschmeidig«, lobt Dieter Bartetzko im Feuilleton der FAZ, füge sich der neue Bau in die Umgebung ein, wenigstens für kurze Zeit könne man »den granitenen Albtraum der angrenzenden Einkaufshölle« vergessen. Das gelingt durchaus. Am besten, finden wir, wenn sich vor dem Museums-Shop Antiquariate mit Bergen von Büchern aufstellen. Samstags zur Marktzeit sind sie immer da, auf dem Schillerplatz, um den bronzenen Fastnachtsbrunnen herum, alljährlich ein Wochenende lang zu Johanni. Zu einer Internationalen »Mini-Pressen-Messe« lädt schließlich im Zweijahrestakt das Mainzer Rheinufer ein. Nicht nur »das liebe Gottes wort« wird so »durch bücher weit gepflanzet fort«.

→ Wo der Rhein Kehre für Kehre sein Antlitz ändert

Von Bingen bis St. Goar

Schon vor sechs Uhr Morgens waren wir mit unsrer Gesellschaft am Hafen. Da gab es einen Wirrwarr, ein Laufen, ein Rufen, ehe die vielen Personen und das Gepäck eingeschifft wurden, als ginge es wenigstens bis Amerika. Alles dies erinnerte mich an mein früheres Leben in großen Seestädten und belustigte mich nicht wenig. Auch die Yacht gefiel mir; sie ist wirklich ein Schiff mit Mastbaum, Segel und Steuer, mit einer Kajüte, einem Schiffsraum, sogar mit einer kleinen Küche, in welcher Kaffee gekocht wird, und gleicht im Kleinen den englischen Paketbooten zwischen Dover und Calais.

»Nur vier Stunden« hatte die Reise von Mainz bis Bingen gedauert; dort ging Johanna Schopenhauer, die Mutter des Philosophen, von Bord. Das war 1816, im »ersten friedlichen Jahr« nach dem Sieg über Napoleon. Die damals schon weit herumgekommene Schriftstellerin suchte sich Bingen als ersten Ausgangspunkt für ihre *Ausflucht an den Rhein und dessen nächste Umgebungen* aus. Von dort setzte sie nach Rüdesheim über, wanderte sie zur Ehrenfels, durch den Niederwald, besuchte sie Assmannshausen. Daß Bingen als »Parkplatz« vom Rheingau fungiert, ist somit nicht neu. Gleichwohl beschwor Franz von Kobell, einer der Begründer der pfälzischen Mundartdichtung seinerzeit, daß »die Gegend vun Binge« die herrlichste sei »am ganze Rhei'« und hier auch wachse »der allerbeschde Wei«.

Bingen, einst rheinische Zollstadt und zugehörig zum Domkapitel von Mainz, steckte in seiner fast 2000jährigen Geschich-

te viele Schicksalsschläge ein: Achtmal wurde die Stadt an der Mündung der Nahe in den Rhein zerstört; ungezählte Scharmützel tobten in ihr; unter dem zum Kaiser der Franzosen gekrönten Napoleon, 1804, wurde Bingen annektiert; verheerende Schäden richteten die Luftangriffe der Alliierten im Zweiten Weltkrieg an. Trist gibt sich das Stadtbild seitdem, voller Bausünden und Baulücken, welche die wenigen erhaltenen Gassen und Gründerzeithäuser dominieren. Um so mehr, ist unser Eindruck, werden jene Sehenswürdigkeiten annonciert, die mit bedeutenden Namen in Verbindung stehen. Dabei nimmt Hildegard von Bingen, die »Prophetissa teutonica«, Dichterin und Liedkomponistin, unangefochten den ersten Platz ein.

Für einen Augenblick hat diese universale Frau das Ohr der Welt gehabt, als der Zisterzienser-Papst Eugen III. bei der Synode in Trier selbst aus ihrem Hauptwerk »Scivias« vorlas, eine Kommission zur Untersuchung ihrer Schauungen einsetzte und ihre Sehergabe bestätigte. Von Friedrich Barbarossa ist sie in Ingelheim empfangen worden. Der Kaiser dankte ihr für nicht näher bekannte Voraussagen. Dennoch hat die Binger Äbtissin vom Rupertsberg später den Kaiser wegen der Behandlung der Päpste streng gemahnt, so wie sie auch die Päpste wegen Abweichung von ihren Aufgaben anklagte. Bei aller Demut trotzte sie Mainzer Prälaten, die wegen der Aufnahme eines Gebannten ihr Kloster mit dem Interdikt belegten. »Wie die Giganten tief unten im Meer unter der Last des Wassers seufzen«, so klagte sie über die Last der vielen Geschäfte, heißt es in ihrer im Todesjahr 1179 verfaßten Vita.

← **Burg Katz hoch über den Weingärten von St. Goarshausen, der im 13. Jahrhundert erstmals erwähnten Fischer- und Schiffersiedlung**

Unbegreiflich sei, fügt Paul Hübner, der Lyriker, Dramatiker und langjährige Feuilletonchef der »Rheinischen Post«, in seinem exzellenten Reisebuch *Der Rhein* (1974) hinzu, daß kein alter Meister je den Auftrag erhielt, das Bild Hildegards festzuhalten. Die Fresken und Plastiken mit Hildegardmotiven in der Stadt (unbedeutend allesamt) lassen sich an einer Hand abzählen; das 12. Jahrhundert ist bis zur Unkenntlichkeit verblaßt. Lediglich der Rupertsberg, wo das von ihr 1147 gegründete Kloster stand, verdient Erwähnung, jedoch auch das eingeschränkt. Denn auf dem einstigen Klostergelände befindet sich heute ein Büromarkt. 1975 legte man nach einem Brand fünf romanische Arkadenbögen frei, die aus der Epoche der Volksheiligen stammen und restauriert wurden. Der Firmeninhaber hat nichts dagegen, daß Hildegardpilger durch seine Verkaufsräume gehen, um jene Bögen, umstellt von Büromöbeln und Fotokopierern, anzusehen. Eine mystische Aura mag da freilich nicht entstehen.

Eine andere Szene, ein anderer Pilgerort: der Rochusberg. Stärker als Hildegard von Bingen (in der neugotischen Kapelle ruht eine Reliquie von ihr) ist hier indes der heilige Rochus präsent, dessen mumifizierter Kopf (wegen seines schauerlichen Aussehens stets zugedeckt) in einem Nebenraum der Kapelle aufbewahrt wird. »Warst Du schon auf dem Rochusberg?«, hatte Bettine Brentano in ihrem Briefwechsel mit Goethe, dem großen Alten, 1808 gefragt. Erst während seines Wiesbadener Kuraufenthaltes besuchte Goethe von Rüdesheim aus den Rochusberg, und zwar anläßlich jener Prozession, die zu Ehren des Heiligen am 16. August 1814 stattfand – und bis heute an diesem Datum ausgerichtet wird. Das Besondere damals war die »zweite Einweihung« der Kapelle, welche der Wallfahrer Goethe in seinem *Sankt Rochus-Fest zu Bingen* ausführlich dargestellt hat. Blättern wir kurz zurück: 1666, als in Bingen die letzte große Pest wütete, wurde die Kapelle erbaut, 1689 plünderten französische Truppen sie aus; 1698 stattete man die Kapelle neu aus, 1795 ging sie bei Kämpfen zwischen französischen Revolutionstruppen und deutschen Soldaten in Flammen auf. Nach der Völkerschlacht bei Leipzig breitete sich in Bingen eine Typhusepedemie aus; die Stadtväter besannen sich auf die alte Rochus-Verehrung und ließen die Kapelle abermals bauen.

Wer sich in die literarische Namensgeschichte von Bingen und Umgebung einliest, kommt an Stefan George nicht vorbei – jenem unsteten Dichter, der wegen seiner Selbstinszenierungen und elitären Denkart stets geteilte Meinungen auf sich zog. Sabine Lepsius, die Malerfreundin, passionierte Violinistin und Mitbegründerin der Berliner Sezession, schuf 1898 ihr »Bildnis des sitzenden Dichters«, welches kürzlich als Leihgabe des Frankfurter Städels an das Stefan-George-Museum in Bingen wechselte. In ihrem Erinnerungsbuch *Geschichte einer Freundschaft* (1935) verglich sie den Eigenbrötler, der bewußt Dialekt sprach und auf der Kleinschreibung beharrte, »mit dem Typus bretonischer Bauern«; zudem war ihr bei Stefan George »eine verwandte Art«, sich zu kleiden, aufgefallen: »es lag um seinen Hals eine Uhrkette, aus langem Frauenhaar geflochten, mit einer goldenen Verzierung, auf dem Kopf trug er eine baskische Kappe.« In Büdesheim bei Bingen wuchs Stefan George auf; sein Geburtshaus gibt es dort noch (wiewohl verändert) in der Saarlandstraße. In seinem einzigen Prosaband *Tage und Taten* (1903) läßt er seine Kindheitstage noch einmal Revue passieren:

Das altertümliche dorf wo unsere vorfahren lebten und der reihe nach an der eppichbewachsenen mauer des kirchhofes begraben sind. Auf den wackengepflasterten gassen grüssen mich einige leute die ich niemals vorher gesehen hatte und auf dem kirchhof begegnet mir eine greisin die mich mit urväterlicher freude erkennt und befragt. Dunkel tauchen mir wieder auf: das rundbogige hölzerne tor die geschnitzten köpfe am treppenaufgang und die unmodischen möbel die anheimeln wie die verjährte ehrliche gastlichkeit der einwohner. Ich hätte mich auch gern nach dem alten ohm erkundigt; ich wusste aber wahrlich nicht ob er nicht schon gestorben war.

Weiter geht's. Mit dem Schiff. Im Kopf Johanna Schopenhauers Impression, daß »bei jeder Krümmung des Stroms, fast mit jedem Ruderschlage«, eine neue Bildseite aufgeschlagen wird. Vortreffliche Beschreibungen dazu liefert Joseph Gregor Lang in seiner *Reise auf dem Rhein*, dessen *I. Theil: Von Mainz bis Andernach* 1789 herausgekommen ist und sich bald als Wegweiser der Rheintouristik erwies. 1791 erschien eine anonyme französische Übersetzung unter dem Titel *Voyage sur le Rhin*. Eine niederländische Fassung hieß 1793 *Reis langs den Rhijn*. »Wonne, Freude und Entzücken« empfand der Koblenzer Lehrer und Prediger angesichts der Rheinlandschaft hinter Bingen:

Auf allen Seiten umgrenzten gigantische Gebirge wie Mauern die Ufer des Rheins und hoben ihre Häupter bis zum lodernden Äther empor! – Einzelne Stauden und Büsche, auch schmale lechzende Gräser, hingen aus Ritzen herab und standen verlassen auf scharfen und spitzig herausstrotzenden Steinklumpen, deren Nachbarn kahle Hohlwege und durch wilde, lang anhaltende Regengüsse begrabene Klüfte waren! – Der geringste Laut prallte an den Klippen zurück, ein vernehmliches Echo plauderte die gesprochenen Worte fürchterlich nach, und es schien, als riefen Geister aus den in den

Felsen hängenden Trümmern und Schlössern mir zu, die so lange unüberwindlich der Vergänglichkeit getrotzt hatten.

Wo die Rheinufer ihre lachende Miene verlieren und die Berge und die Felsen mit ihren Burgen (Rheinstein, Reichenstein, Sooneck) sich ungleich trotziger als im Rheingau gebärden, da liegt Bacharach. Damals eine finstere, schaurige Stadt. »Wild braust der Rhein über tief verborgene Klippen«, ängstigte sich die 50jährige Schopenhauerin, »schäumend brechen seine Wogen sich an den uralten Mauern der Stadt und toben gegen sie an«. 1823 stimmte Heinrich Heine in seinem Fragment *Der Rabbi von Bacharach* eine melancholische Melodie über die zahnlosen Zinnen und blinden Warttürmchen, zerrissenen Tore und armselig häßlichen Lehmgassen, in denen »öde Stille« herrscht, an. Zugleich erinnerte er an die Judenpogrome, die schlimmsten während des ganzen Mittelalters: Mit dem »Schwarzen Tod« 1348 breiteten sie sich von Bacharach rheinabwärts bis nach Andernach aus, indem behauptet wurde, daß die Juden den Zorn Gottes herabgeflucht und die Brunnen verseucht hätten,

und daß sie an ihrem Paschafeste Christenkinder schlachteten, um das Blut derselben bei ihrem nächtlichen Gottesdienste zu gebrauchen. Die Juden, hinlänglich verhaßt wegen ihres Glaubens, ihres Reichtums, und ihrer Schuldbücher, waren an jenem Festtage ganz in den Händen ihrer Feinde, die ihr Verderben nur gar zu leicht bewirken konnten, wenn sie das Gerücht eines solchen Kindermordes verbreiteten, vielleicht gar einen blutigen Kinderleichnam in das verfemte Haus eines Juden heimlich hineinschwärzten, und dort nächtlich die betende Judenfamilie überfielen; wo alsdann gemordet, geplündert und getauft wurde, und große Wunder geschahen durch das vorgefundene tote Kind, welches die Kirche am Ende gar kanonisierte. Sankt Werner ist ein solcher Heiliger, und ihm zu Ehren ward zu Oberwesel jene prächtige Abtei gestiftet, die jetzt am Rhein eine der schönsten Ruinen bildet.

Von alledem spricht man in Bacharach nicht mehr viel. Schon gar nicht schert es die Masse der Touristen. Ganz anders ergeht es da Robert Stolz, dem Gemütsbeglücker. Wenn seine »kleinen Veilchen blühen«, kommt in den Weinstuben Freude auf. Vor allem im »Alten Haus«. Denn dieses Gasthaus (eines der berühmtesten und auch sehenswertesten am Mittelrhein) machte er zum Hauptspielort seiner Operette. 1932 wurde sie vom Düsseldorfer Opernensemble in den Bacharacher Rheinanlagen aufgeführt.

Schaut man auf den Stadtplan der alten Feenstadt, sieht es so aus, als hätte man einst einen Schiffsumriß als Schablone für die Stadtanlage aus der Schublade geholt: Die B 9 parallel zum Ufer des Rheins, flankiert von der Bahnlinie sowie dem Rad- und Fußwanderweg, bildet den Schiffsboden; ellipsenförmig füllen darüber die Häuser den Rumpf; die um 1344 errichtete Stadtmauer mit dem Hutturm, Rundturm und Liebesturm, dem Steeger Tor, dem Postenturm und Spitzenturm (16 Wehrtürme waren es ursprünglich) markieren die Ränder des Schornsteins; und wie Rauch weist die Straße am oberen Stadtplanrand in den alten Fachwerkortsteil Steeg.

Weiter am Fuße des Berges ein unbeschreibliches Gemenge belustigender, köstlicher Häuschen, phantastische Türmchen, wunderliche Giebel, deren doppelte Dachmauern auf jeder Stufe Türmchen gleich hervorgeschossenem Spargel tragen, schweres Gebälk, das um die Hütten zierliche Arabesken zeichnet, geschnörkelte Speicher, durchbrochene Balkone, Schornsteine, die voller Rauch und Ruß Tiaren und Kronen vorstellen, bizarre Wetterfahnen, die nicht Wetterfahnen, sondern Anfangsbuchstaben eines alten Manuskripts, mit dem Ausschneideeisen in Blech gefertigt, sind und im Winde knarren. (Über meinem Haupte ein R, das die ganze Nacht hindurch seinen Namen rrr! verkündete.) In diesem wundervollen Baugewirr ein verwinkelter Platz, von einem Block Häuser gebildet, die zufällig vom Himmel gefallen, und mehr Buchten, Inseln, Riffe und Vorgebirge hat als ein Fjord in Norwegen. Auf einer Seite dieses Platzes zwei Vierecke gotischer Bauart, die überhangend, gesenkt und faltig sich gegen alle Regeln der Geometrie und des Gleichgewichts keck aufrecht halten. Auf der anderen Seite eine schöne romanische Kirche mit einem rautenförmig gezierten Portal von einem hohen geraden Turm überragt, an der Apsis von einer schwarz marmornen Galerie kleiner Rundbögen und Säulchen umgeben, und unten rings mit Grabsteinen aus der Renaissance wie ein Schrein ausgelegt. Oberhalb dieser byzantinischen Kirche, auf der Anhöhe die Ruine einer anderen Kirche des 15. Jahrhunderts aus rotem Sandstein, ohne Türen, Dach und Fenster, ein prächtiges Gerippe, das sich stolz am Himmel abzeichnet. Endlich auf der Höhe eines Berges als Krone die Überreste und efeubedeckten Bruchstücke eines Schlosses, der Feste Stahleck, Wohnsitz der Pfalzgrafen im 12. Jahrhundert. Alles das ist Bacharach.

Dem Geist der Zeit gemäß hatte Victor Hugo 1840 seine *Rheinreise* gemacht und drei Tage in Bacharach verbracht. Als Reiseautor indes verstand er sich im Unterschied etwa zu Alexandre Dumas oder Gérard de Nerval (sie waren 1838 gemeinsam am

Rhein unterwegs) nicht; *Le Rhin* blieb sein einziger Beitrag zur Gattung des »récit de voyage«. 1842 kam das Buch auf den Markt – als die Rheinfrage gerade wieder aufs Tapet gebracht worden war: »Sie sollen ihn nicht haben, den freien deutschen Rhein«, skandierte der Bonner Nikolaus Becker; ins selbe Horn stießen der Schwabe Max Schneckenburger mit seiner »Wacht am Rhein« und der junge Spund Georg Herwegh mit seinem krachledernen Reim »Haut, Brüder, mutig drein!/Der alte Vater Rhein,/Der Rhein soll deutsch verbleiben«. »Wir haben ihn gehabt, den deutschen Rhein« konterte Alfred de Musset aus Frankreich herüber; Victor Hugo schaltete sich in die politischen Sandkastenspiele mit der Vorstellung einer bilateralen Rheinherrschaft ein, freilich dergestalt, daß die Grande Nation auch auf der rechten Seite mitmischen solle.

Ein Wort zu guter Letzt noch zum »Bacharacher«: Im Mittelalter, als die Weine nicht nach ihren Lagen, sondern Umschlagplätzen benannt wurden, verbarg sich hinter jenem Zauberklang in Wahrheit nur ein merkantiler Begriff. Denn durch die Unpassierbarkeit des Binger Lochs wurden die Weine aus dem Rheingau (und auch vom Oberrhein) auf kleinen Schiffen bis zu 150 Tonnen Nutzlast nach Bacharach transportiert und dort in die »schwarzen Cöllner Schiffe«, die das Dreifache trugen, umgeladen. Das in allen Chroniken stolz herausgestellte Fuder Bacharacher Wein, welches sich Papst Pius II. alljährlich während seiner Amtszeit 1458 bis 1466 für ausgesuchte Festlichkeiten nach Rom kommen und im vatikanischen Keller deponieren ließ, muß darum mitnichten auch in Bacharach abgefüllt und an den Bacharacher Weinbergen gereift sein. Aber wie auch immer. Hut ab vor der Geschäftstüchtigkeit der Bacharacher! »Die Rebe war die Mitgift der Natur, womit Bacharach so gut gewuchert hatte«, lobte Ricarda Huch 1927 in ihren *Lebensbildern deutscher Städte,* »daß es sich Wohlhabenheit und ein hohes Maß von Freiheit errang«.

Wieder ein paar Stromkilometer weiter mit dem Schiff. Wieder eine neue Bildseite, die aufgeschlagen wird: Hinter dem Bacharacher Werth ragt wie ein Eisbrecher der »Pfalzgrafenstein« aus dem Wasser heraus. Sein weiß-lachsfarbener Anstrich aus jüngerer Zeit sicherte ihm den gewohnten Status, bevorzugtes Objekt fotografischer Begierden zu sein. Feste und Versammlungen finden in dem sechseckigen, mit Türmchen und Erkern bestückten Wehrbau vor den Ufern von Kaub schon lange nicht mehr statt. Und jene aufregenden Zeiten, da die Prinzessinnen der Pfalzgrafen in diesem wohl sonderbarsten Exempel rheinischer Architektur die Stammhalter zur Welt gebracht haben sollen, sind endgültig im Reich der Mutmaßungen aufgegangen. Präsent hingegen blieb der legendäre Rheinübergang in der Neujahrsnacht 1813/14 unter Feldmarschall Blücher: 50 000 Soldaten (bestehend aus der Schlesischen Armee und ihren Waffenbrüdern, den Kosaken) waren mit 15 000 Pferden und 182 Geschützen angerückt, um den »Erbfeind« für immer zu vertreiben: 1795 mußte Preußen zähneknirschend zustimmen, daß Frankreich Herr des linken Rheinufers wird; im Frieden von Campo Formio willigte auch Österreich ein; 1801 bestätigte der Frieden von Lunéville die französische Ostgrenze am Rhein. Der Rheinbund schließlich 1806 besiegelte das Ende des Heiligen Römischen Reiches: Franz II. legte die Kaiserwürde nieder und nannte sich Franz I., Kaiser von Österreich. Nach der Schlacht bei Jena und Auerstedt zwang Napoleon auch das mit Rußland verbündete Preußen in die Knie. 1807 mußte es an den Korsen 140 Millionen Franken Reparationen zahlen. Für Patrioten vom Schlage eines Ernst Moritz Arndt, Johann Gottlieb Fichte, Wilhelm von Humboldt oder auch Karl Freiherr vom Stein, Preußens

Reformer, war damit die Zeit für eine Befreiung vom napoleonischen Joch reif. Der Rhein sollte »Teutschlands Strom, nicht Teutschlands Gränze« sein, dröhnte 1813 jene Propagandaschrift, die der spätere Bonner Geschichtsprofessor Arndt mit beispiellosem Erfolg unter die Leute gebracht hat. Nach Napoleons gescheitertem Rußlandfeldzug im Schneewinter 1812 hatte der preußische König Friedrich Wilhelm III. keine Mühe, 280 000 Mann (für damalige Verhältnisse eine gigantische Zahl) zu mobilisieren und »ins Feld« zu stellen.

Die Heere blieben am Rheine stehn:
Soll man hinein nach Frankreich gehn?
Man dachte hin und wieder nach,
Allein der alte Blücher sprach:
»Generalkarte her!
Nach Frankreich gehn ist nicht so schwer.
Wo steht der Feind?« »Der Feind? – dahier!«
»Den Finger drauf, den schlagen wir!
Wo liegt Paris?« »Paris? – dahier!«
»Den Finger drauf! das nehmen wir!
Nun schlagt die Brücke übern Rhein!
Ich denke, der Champagnerwein
Wird, wo er wächst, am besten sein!«

Der Entertainer August Kopisch (geläufiger als diese Verse dürfte seine Ballade *Die Heinzelmännchen* sein) hatte die russische Pontonbrücke im Visier, die die Pfalzburg als Stützpunkt nahm. Ein originalgetreues Modell dieser militärischen Konstruktion ist heute in einer Vitrine des Blüchermuseums zu Kaub ausgestellt; daneben Orden und Ehrenzeichen, altpreußische Jägerbüchsen, Kürasse, Lanzen, Kanonenkugeln und Patronentaschen. Das Museumsgebäude selbst, das barocke ehemalige Gasthaus »Zur Stadt Mannheim«, in dem Blücher sein Hauptquartier aufgeschlagen hatte, überlebte erstaunlich unbeschadet die politischen Turbulenzen.

Unsere nächsten Station ist das alte Schiffernest Oberwesel. Laut Alfons Paquet in seinem Buch *Der Rhein. Eine Reise* (1923) »schmal am Ufer ausgedehnt und in die Seitenfurche bis vor den schweren und obdachlosen Turm von Sankt Martin hinaufgezogen.« Oberwesel besitzt das geschlossenste Stadtbild am Mittelrhein. Dennoch wurde dem »prächtig Nest«, das es Hoffmann von Fallersleben bedeutete (am 17. August 1843 sang er Freunden im Gasthaus »Zum goldenen Propfenzieher« sein soeben komponiertes »Deutschlandlied« vor), nie die ihm gebührende Anerkennung zuteil. Manch einem Feudalherrn der Gegenwart mag dieses Schattendasein sehr willkommen sein. Tengelmann und Obi und Kaiser's jedenfalls haben sich von den ausgedienten Wacht- und Verteidigungstürmen (21 waren es ursprünglich) einige zu luxuriösen Privatsuiten umgebaut. Modernes Wohnen in historischem Ambiente ist in Oberwesel indes nicht neu. Als die Werbewogen der Romantik hochschlugen, kaufte sich ein New Yorker Immobilienmakler in die einstige Ruine Schönburg ein. Der Burgenspezialist Carl Gustav Carus fand sie so imposant, daß er Lust bekam, die im 14. Jahrhundert ausgebaute und 1689 verwüstete Feste aus der Nähe anzuschauen:

Ich stieg durch die Weinberge auf bequemer Straße hinan. Je höher hinauf, desto anmutiger wird der Überblick vom Rheintal, von Oberwesel selbst und zurück nach der Pfalz am Rhein. Die Türe, welche zu der gebrechlichen Brücke über den Burggraben führt, war verschlossen – ein kleines Mädchen kam mir aufzuschließen, ich trat in den mit Brombeergebüschen und wilden Rosen überwachsenen Burghof. Eine gewaltig hohe Mauer mit engen Luken und Schießscharten verteidigte sonst das Schloß gegen den Bergrücken, mit dem der Burgberg zusammenhängt, an der anderen Seite ragen hohe viereckige oder runde Türme auf, und wo die Mauern eingestürzt und Türme zerfallen sind, eröffnen sich schöne Aussichten in den Rheingau und hinab auf Oberwesel.

Vis-à-vis dem behaglichen 4-Sterne-Hotel, das heute in der Schönburg untergebracht ist, erstreckt sich eine markante Rebstockszenerie. In seinem Buch *Drinnen und Draußen* (1930) gelingt dem Kunsthistoriker und Reiseschriftsteller Wilhelm Hausenstein (in den fünfziger Jahren war er Botschafter der Bundesrepublik in Paris) eine unübertroffene Prosa ihrer »Winterfarben«:

Die Weinberge überm andern Ufer drüben sind durch Stützmäuerchen, die alle zusammen eine große ungeregelte Treppe ausmachen, durch schräge, steile, wieder diagonale Falten und Spalten, durch Felsen und Erdhänge eigentümlich zerteilt. Vertrackte Diagramme; grau gehn sie durchs Graue, zuweilen verfärbt ins Gelbe, umlautend ins Lila; im Grauen ist eine Skala von Schiefergrau über Fischgrau, Taubengrau bis zu Perlgrau; einige Flecken blinken matt und hell wie Zinn...

In anderen »Winterfarben« lichtete 1952 Henri Cartier-Bresson wenige Stromkilometer weiter rheinabwärts, am Ufer St. Goars, die Häuserkette von St. Goarshausen ab. Eisige Atmosphäre strahlt das Foto aus, menschenleere Macht. Der einstige Assistent Jean Renoirs, 1940 deutscher Kriegsgefangener, 1943 Kämpfer in der Résistance, blieb in seiner »Rheinserie« (im Auftrag einer US-amerikanischen Zeitschrift) auf Distanz. »Ma mémoire a coulé avec le Rhin« (Meine Erinnerung ist mit dem Rhein fortgeschwommen), erklärte er dazu in jener Zeit, als die politischen Beziehungen zwischen Frankreich und Deutschland auf dem Nullpunkt angekommen waren.

→ Römisches Straßennetz

BOPPARD

Boppard ist anders. Auf über drei Kilometern Länge schmiegt es sich an die größte Schleife, die der Rhein von der Quelle bis zur Mündung macht. Der Kölner Fotograf August Sander, ein Meister des »Neuen Sehens«, hielt diese Besonderheit mit seiner Kamera aus der Vogelperspektive fest. »Rheinschleife bei Boppard« heißt das Schwarzweiß-Werk von 1936 – ein Bravourstück der Rheinfotografie. Wie eine Bildunterschrift liest sich, worüber Albrecht Penck, der schriftstellernde Geograph und Zeitgenosse Sanders, doziert:

Tief unter uns sehen wir den Rhein. Er windet und krümmt sich in seinem alten Tal, dessen Boden als breiter, feldbedeckter Streifen das Bild beherrscht. Von St. Goar verfolgen wir ihn bis Ehrenbreitstein, jenseits ein Auf- und Abwogen von mäßigen Höhen, die unter der unsrigen bleiben. Das enge Tal (...) bleibt mit seinen Weinbergen in der Tiefe. Leicht vermögen wir es uns ausgefüllt zu denken und haben dann das Land vor uns, wie es vor einigen hunderttausend Jahren, zur ersten Eiszeit, bestand; wenn wir (...) uns vorstellen, daß der Rhein als verwilderter Strom mehr als 100 m über seinem heutigen Bette fließt, haben wir ein volles Bild der damaligen Landschaft. Im Sommer nimmt er fast den ganzen alten Talboden ein, 5 bis 6mal so breit wie heute. Im Winter ist er ganz schmal; die über

← **Über 500 Jahre altes Schnitzwerk aus dem Chorgestühl der Karmeliterkirche in Boppard**

sein Bett hinwegfauchenden Winde wirbeln Schlamm auf, den das Hochwasser hinterlassen hat, und wehen ihn auf die mit Moos und Gras sowie mit Zwergbirken bestandenen Gehänge hinauf, wo er als Löß liegen bleibt. Isländisch sah das Land am Rheine während der Eiszeiten aus.

An der Südseite der Rheinschleife, wo die aromareichen Rieslinge Ohlenberg, Feuerlay und Mandelstein wachsen, ging aus dem keltischen Baudobriga (oder auch Bontobriga), einer offenen Straßensiedlung, das römische Boppard hervor. Denn anstelle des rechtsrheinischen Limes, den die Römer 335 aufgegeben hatten, wurde unter Kaiser Julian Apostata wenige Jahrzehnte später der Rhein selbst wieder zur Grenze des römischen Imperiums gemacht und angeordnet, ufernah gelegene Kastelle zu bauen. Als wichtiger Handelsplatz und militärischer Stützpunkt bekam so auch Boppard eine mächtige Festung – 308 Meter lang, 154 Meter breit, knapp fünf Hektar Flächeninhalt; ein Riesenrechteck parallel zum Rhein, umgeben von drei Meter dicken und 8,5 Meter hohen Wehrmauern mit 28 in regelmäßigen Abständen vorgelagerten Halbrundtürmen. Die Reste dieses spätantiken Kastells im Ortskern von Boppard (die B 9 führt mitten hindurch!) sind die besterhaltenen in Deutschland.

Wir besuchen Boppard, Bodobrica Romana, an einem Feiertag. Wandergruppen in Kniebundhosen sind unterwegs zum »Vierseenblick«; an den Kiosken des Rheinufers suchen französische Touristen Postkarten aus. Wir werden in urbaner Freundlichkeit am Markt zu einem Kaffee eingeladen. Auf einem Areal von 1750 Quadratmetern hatten die Römer hier ihr Kastellbad – komfortabel ausgestattet mit einem Kaltbad (Frigidarium), Warmbad (Caldarium), Schwitzbad (Sudatorium), einem Umkleidetrakt (Apodyterium) und Gymnastikraum (Basilika

Thermarum). Im Stadtmuseum ist ein ausgezeichnetes Modell der gesamten Anlage nachgebaut. Zugleich auch erinnert das Museum in der Kurfürstlichen Burg (Balduin von Trier diente sie als Zwingburg und Zollstation) an jenen Bopparder Namen, der sich als erfolgreichster Möbelfabrikant des beginnenden Industriezeitalters in die Geschichte eingetragen hat: Michael Thonet. Die Heimatstadt des Kunsttischlers indes schneidet dabei eher ärmlich ab. Jagte sie ihm doch, als er gerade die erforderlichen, teuren Patente im Ausland erwirken wollte, seine Gläubiger auf den Hals, wodurch er um Haaresbreite in den Ruin stürzte. Zum Sprungbrett für seine geniale Erfindung nach der Devise »Biegen oder Brechen« wurde für den 1796 geborenen Gerberssohn (vermittelt durch Metternich) die Residenz der Donaumonarchie. Eine zweite, mit Boppard verbundene Persönlichkeit, an die im Stadtmuseum erinnert wird, ist Engelbert Humperdinck. Der Kapellmeister, Komponist und Ehrendoktor der Philosophischen Fakultät der Berliner Universität träumte nach dem Welterfolg seiner Märchenoper »Hänsel und Gretel« von einem »rheinischen Idyll«, als er 1897 jene Villa kaufte, die wegen ihrer exklusiven Lage und turmgekrönten Architektur immer schon »Schlößchen« hieß und seitdem zum »Humperdinck-Schlößchen« avanciert ist.

Vom Rhein aus strahlt Boppard Stolz und Souveränität aus. Die weißen, mit Umbrabraun umrandeten Zwillingstürme der St. Severus-Kirche recken sich mit ihren gotischen Helmen so weit sie nur können zum Firmament hoch. Davor eine Galerie pastellfarbener Hotels und Restaurants, welche ein Flair aus Weltoffenheit und gutem Geschmack verströmen. Bei näherem Hinsehen jedoch hat sich aber auch hier seit den langen sechziger Jahren jene Meterwarenromantik eingenistet, gegen die bis heute offenbar kein Kraut gewachsen ist. Oder traut sich nur niemand die Geister zu verscheuchen, die man einst rief und nun schwer wieder loswird?

Trotzdem ist Boppard anders. Wissen die Bürger mit der Geschichte ihrer einst Freien Reichsstadt, Boppardia liberum et speciale oppidum Romani Imperii, viel anzufangen. Die Gassen zwischen den mittelalterlichen Häusern tadellos. Der Putz ohne Risse und Wunden, über die man allzuoft (freilich auch durch wiederkehrende Hochwasserschäden) in den Rheinorten erschaudert. Erfolgreich konnte ein Schulterschluß aus Denkmalpflegern und Landschaftsschützern verhindern, daß ein Teil des römischen Festungsgevierts mit einem Parkhaus und Polizeirevier überbaut wurde. Inzwischen steht hier, an der Angertstraße, der »Archäologische Park«. Die jüngsten Ausgrabungen 1990/1991 förderten über dreißig frühchristliche Gräber zutage. Ein Stück »Alt-Boppard« lebt am Balz, einem intimen kleinen Platz, auf den die Bingergasse mündet. Ländlich schaut es hier aus, wo seit eh und je Bopparder Winzeradressen liegen. Durch die Pützgasse gehen wir linker Hand zurück zum Markt, zum Juwel der Stadt, der großen romanischen St. Severus-Kirche. Schon 873 übrigens besaß Botbarta, das Zentrum des fränkischen »Bopparder Reiches«, welches sich im Süden bis St. Goar und im Norden bis Rhens erstreckte, an dieser Stelle nahe der römischen Kastellmauern eine Kirche. Im Schatten von St. Severus, erzählt die Bopparder Lehrerin, Vorkämpferin der Mädchenbildung und Jugendschriftstellerin Helene Pagés (ab 1913 druckte der katholische Herder-Verlag ihre Erfolgsbücher in einer Gesamtauflage von annähernd 314 000 Exemplaren), fanden alle Bopparder noch bis ins 19. Jahrhundert hinein ihre letzte Ruhestätte. »Sie schliefen inmitten der Stadt, durch eine hohe Mauer vom Getriebe des Marktes getrennt.« Später wurde der Friedhof zum Kummer der Bürger geräumt und auf ein Gräberfeld außerhalb der Stadt verlegt. »Die Leute sind hinter den Wagen hergegangen... Es war ihnen so hart.« Viele Jahre noch wiesen die Kirchenglocken Friedhofsbesuchern und Spaziergängern, die im Bopparder Wald vom Weg abgekommen waren, die Richtung zurück in die Stadt. Ein »viel zu unbekanntes Schatzhaus« nennt der Rheinbiograph Paul Hübner die um einige Schritte näher am Strom stehende Karmeliterkirche. In ihren hohen gotischen Fenstern spiegelt sich der Rhein. Würdevolle Grabmäler aus der Renaissance, darunter das des Grafen Johann von Eltz (1547) und seiner Gemahlin Maria von Breitbach (1544), finden sich im Inneren. Der in einer Nische bei der Teppe stehenden Madonna werden im Herbst die ersten reifen Trauben als Geschenk über den Arm gehängt. Und einen der ersten Ränge in der rheinischen Kunst nimmt das aus Eichenholz geschnitzte Chorgestühl ein. »Seltsam«, beginnt Helene Pagés ihre Beschreibung, was alles darin »geistert«:

Ekelhafte Fratzen, die ihr unflätiges Maul aufreißen von Ohr zu Ohr; Kerle wie Trolle, aus Nordlands Wäldern und Schluchten bis hierher kobolzt; gierige Gäuche, die des Weins und des Lasters nicht satt werden; Geizige mit Wuchergesichtern; scheußliches Fabelgetier, das lange Schwänze ringelt und Drachenflügel spannt. Alles Böse hockt oder kriecht in dem dunklen Holz! Aber dazwischen sinnt die Weisheit und betet die Frömmigkeit. Und hochgereckt, da, wo die Flanken des Gestühls mit Säulen und Ranken die geschnitzten Baldachine tragen, wachen die Evangelisten. Zunächst dem Altar Johannes mit dem Adler, Markus mit dem Löwen; zum Schiff hingekehrt Lukas mit dem Engel und Matthäus mit dem Stier.

Im Jahr 1859 wurden die Gleise der Rheinischen Eisenbahn bergseitig um Boppard geführt, um den Ort nicht zu zerschneiden und der Uferfront vor allem auch irreversible Verunstaltungen zu ersparen. Die schönsten Rheinanlagen mit Rabatten und Rasen beginnen beim Ritter-Schwalbach-Haus, einem feinen, ehemaligen Adelssitz. Inzwischen logiert dort eine bundeseigene Fortbildungsakademie. Boppard ist anders.

→ Am Deutschen Eck

KOBLENZ

Monströser geht's kaum: Wie ein überdimensionales Insekt, gegossen in Zement, verbindet die Koblenzer Südbrücke das rechte und linke Rheinufer – und läßt alles um sich herum erstarren. Elf Menschen riß ihr Bau 1971 in den Tod, als ein weit über den Strom ragendes Konstruktionsteil ins Wasser krachte. Kaum noch vorstellbar jene sentimentalen Ausbrüche 1808 einer Dorothea Schlegel: »Und die Gegend, die Gegend! welche Hügel, welche Täler und Felder und Wiesen ...; welche Abwechslung und welche Übereinstimmung!«

Der Zweite Weltkrieg versetzte die Stadt in einen kompletten »ruinösen Zustand«, über 85 Prozent der Häuser brannten ab; mit Plänen, »die ausgreifend ins Große gingen«, kritisierte Walter Henkels, seit 1949 Korrespondent bei der ZEIT und beim Spiegel, fand der Wiederaufbau statt. Heute liegt Koblenz an drei Autobahnen und sieben Bundesstraßen; ist die geliebte Residenz des letzten Trierer Kurfürsten und Erzbischofs Clemens Wenzeslaus von Sachsen (1768-1802) ein Verkehrsverteiler ohnegleichen am Mittelrhein. Das schlechte Beispiel machte Schule – bis in die Eifel hinein. *Mauerschau* heißen Ursula Krechels folgende Zeilen:

Von weitem die gebuckelte Landschaft
Stangenbohnen, Dreifelderwirtschaft
ein Apfelbaum mit schiefer Krone
der nun geteerte, begradigte Feldweg
eine Bestechung zur Landtagswahl

Undine
KOBL PFAFFENDORF

(als Wirtschaftsweg ausgewiesen führt er
über den Berg in die näher gerückte Geschichte
der Erschließung des zwanzigsten Jahrhunderts).

Die Stadt verharrt in ihrem Städtischsein.
Pendlerbusse streifen den Saum
des Mittelgebirges abends und morgens
kräht kein Hahn auf befriedeten Rasenflächen
aus dem Versandhaus versteifen sich viereckig
Einfamilienhäuser wolkenfrei, mit guter Sicht
und andere Einfamilienhäuser mit guter Sicht
wolkenfrei hinter schmiedeeisernen Gittern.

Du beugst dich über den Schieferwall
Mauerpfeffer zwischen mörtellosen Fugen
(es sind diese seit Urzeiten errichteten Mauern
die später zu Fundamenten der Kirche wurden)
siehst noch den Schatten der tollwütigen Füchsin
die im Amtsblatt wie ein Stargast angekündigt war
beugst dich hinüber, herüber, vorwärts, rückwärts
sehr biegsam im Kreuz
den ausgetrockneten Bach erklärend verständlich
ohne Anglerlatein, und während du sprachst
So könnte es sein
So war es
So wird es nicht mehr sein
grüßten die Landvermesser mit Meßlatten und Gestängen
teilten den Schiefer, auf dem du standest

← Vis-à-vis der Feste Ehrenbreitstein legen die Ausflugsdampfer zu Fahrten auf dem romantischen Mittelrhein ab

hinüber herüber in eine vierspurige Zukunft.
Gestikulierend fielst du in Hälften.

Schon in den fünfziger Jahren, als eine Reise zum »rheinischen Gibraltar« oft noch ein exklusives Unterfangen war, wußte man um die Bedrohung, die von der technisch-industriellen Mobilmachung ausging. Mit »zorniger Feder« meldete sich damals der in Koblenz ansässige Autor Gerhard Nebel zu Wort:

Man tritt in eine andere Welt ein, wenn man bei Koblenz ins Moseltal hinüberbiegt, ins letzte integre, größere Flußtal Westdeutschlands, man wird in ein anderes, ein industrieloses Jahrhundert versetzt. Buhnen strecken sich weit ins Wasser hinein, zwischen ihnen flache, besonnt stehende Stellen, an denen Fische laichen und sich Fischbrut entwickelt. In meiner Jugend gab es noch Katarakte, durch die der Fluß strudelnd dahinschoß, es gab aber auch Furten, an denen wir im heißen Sommer vom einen zum anderen Ufer wateten. Herrlich, wenn am Sommerabend die letzte Ponte, ohne Motorgetucker, schweigend, von der Strömung wie von Geisterhand bewegt, Winzer und Wanderer übersetzte, sie schwebte über dem Fluß, das Wasser roch nach Erde, Zeugung, Fruchtbarkeit, und jedermann sah hoffnungsvoll dem Schoppen entgegen. Das Moseltal war bisher, ähnlich wie die Eifel, ein von der Zivilisation nicht versehrtes Gebilde, ursprungsnah und darum eine Quelle der Kraft für uns alle, die an unserem Jahrhundert leiden – und an diesem leidet sogar, ohne daß er es weiß, der Optimist des Fortschritts. Damit wird es nun aus sein. Ein Kanal, mag er noch so behutsam angelegt werden, vernichtet die Substanz, es wird der Mosel nicht anders ergehen als dem Neckar [...] Schleusen, Durchstiche, Begradigungen, Gestänge, Brückenwerk, Staudämme erträgt der Flußdämon nicht, er wandert aus – und wie man hört, errechnen sich schon eifrige Handelskammern Chancen für Industriegründungen.

Männer vor allem machten Koblenz berühmt, Politiker, Gelehrte, Militärs, unter ihnen die beiden Söhne der Stadt: Klemens von Metternich, Jahrgang 1773, nach den Befreiungskriegen »Kanzler Europas«. »Sein Spitzname war FFF«, lesen wir in einem Essay Rolf Schneiders, »das stand für *fin, faux, fanfaron*, das ist: durchtrieben, falsch, großmäulig. Er puderte sich, putzte sich, stieg verheirateten Frauen nach und entwarf Pamphlete gegen die Sansculotten.« Der andere Sohn der Stadt war der um drei Jahre jüngere Joseph Görres, ein Bürger zunächst der rheinischen Republik und radikal-demokratischer Publizist. 1799 von einem Parisaufenthalt ernüchtert und enttäuscht zurückgekehrt, entschied sich der vielseitig Interessierte für die Naturwissenschaften, lehrte 1806 als Privatdozent in Heidelberg und erwarb sich ab 1814 mit der Herausgabe des *Rheinischen Merkur* ein beachtliches Renomee.

Mitnichten in Koblenz geboren, wiewohl »ad confluentes« bestens positioniert, wurde schließlich Wilhelm I., König von Preußen und deutscher Kaiser, in Siegerpose hoch zu Pferd, »was: Pferd! auf einem Roß, was: Roß! auf einem riesigen Gefechtshengst wie aus einer Wagneroper, hoihotoho!«, so rief Kurt Tucholsky am Fuße jenes schweren Brockens deutscher Geschichte aus, den im Jahr 1945 Granaten einer amerikanischen Batterie zerschmetterten. Die Restauration des Denkmals inklusive Umwidmung des Sockels 1953 zum »Mahnmal der deutschen Einheit« blieb ein Torso und sah durch die bundesdeutsche Nationalflagge obendrauf wie ein Käsewürfel mit Partywimpel aus. In Gänze existierte der ursprüngliche Granitbau nur auf Wandtellern oder Mokkatassen, Fingerhüten, Vasen oder Brokatdeckchen fort. Seit 1993 nun ist der von seinem Enkel Wilhelm II. kultisch verklärte »Wilhelm der Große« wieder da – nach langen, erbitterten Diskussionen.

Eine Frau schließlich war es, um einige Jahrzehnte älter als Metternich und Görres, die Koblenz literarischen Glanz verlieh: Sophie La Roche, die Gemahlin des Mainzerischen Hofrats Georg Michael Frank La Roche (diesem stand in Koblenz eine glänzende Karriere als Minister beim jungen Kurfürsten Clemens Wenzeslaus bevor). 1771, als ihre *Geschichte des Fräuleins von Sternheim* herauskam, der erste Roman einer deutschen Schriftstellerin, zog das Ehepaar mit seinen fünf Kindern (Tochter Maximiliane heiratete 17jährig den Frankfurter Kaufmann Peter Anton Brentano – aus dieser Verbindung gingen Clemens und Bettine, Sophie La Roches Enkel, hervor) nach Ehrenbreitstein, damals das »Thal«, unterhalb der Festung. Im hübschen »Gärtchen hinter dem Haus«, der bis zum Rhein hinunterführte, ruhte sich Johann Georg Jacobi oft aus; auch andere machten von der Gastfreundschaft Sophie La Roches, der Jugendliebe Christoph Martin Wielands, Gebrauch, zum Beispiel der Publizist Johann Heinrich Merck, der wiederum Goethe zur »Sternheim« mitschleppte. Viele auswärtige Besucher reisten nur ihretwegen nach Ehrenbreitstein; einer Voranmeldung bedurfte es in der spätaufklärerischen »Gelehrtenrepublik« nicht. Man kam einfach vorbei, trank zusammen Wein, übertrumpfte sich in rethorischen Kapriolen, unternahm Bootsfahrten auf dem Rhein oder schloß sich den sonntäglichen Landpartien der Henriette Caroline vom Stein in Nassau an.

Ein Ausflug von Koblenz-Ehrenbreitstein nach Nassau zum Steinschen Schloß (oder umgekehrt von dort kommend Richtung Rhein) ist noch immer lohnenswert, besonders per Rad, wie es Werner Bergengruen 1933 (»damals war die Tyrannei noch in ihren Anfangsstadien«) tat:

Wie zwei Torhüter thronen zur Linken und zur Rechten Burg Lahneck und Niederlahnstein mit dem Allerheiligenberg. Die bewaldeten Felsbildungen stehen hoch und nah über dem Fluß, ohne seinen Lauf in eine eigentliche Schlucht zu zwingen. Erst kurz vor Ems erweitert sich das Tal und verliert die einsame Wald- und Felsennatur. Felder und Obstgärten treten auf, die Rebe steigt bergan, alles bereitet freundlich auf die heilende Lindigkeit des Emser Bades vor. Ems ist ein uralter, schon zur Römerzeit gebrauchter Kurort, sein größter Aufschwung aber begann gegen die Mitte des vorigen Jahrhunderts; der Stil Baden-Badens, wo französische Einflüsse stark waren, wirkte herüber, und so haben die altmodisch vornehmen Bauten der vierziger bis siebziger Jahre ein französisches, ein südliches Aussehen.
Bald hinter Ems durchfahre ich das Stadttor des winzigen Dausenau und freue mich am oberen Stadtausgang des schiefen Turmes, der freilich weder an Schiefe noch an Schönheit mit dem Pisaner verglichen werden darf. Die Dausenauer nennen ihn Beutelturm und erzählen, hier sei ein sagenberühmtes Liebespaar eine Weile gefangengehalten worden, Eginhaud und Emma, der Geheimschreiber und die Tochter Karls des Großen. Wald- und Weingehänge wechseln, auf den Höhen des linken Flußufers findet sich eine Merkwürdigkeit, von der ich oft habe reden hören, ohne daß es mir je gelungen wäre, sie vor Augen zu bekommen. Es sind die nach einem nahen Dörfchen genannten Misselberger Blumen, eine Narzissenart, die in ganz Europa nur auf dieser einen Wiese wächst und zur Blütezeit um Ostern herum von Emser und Nassauer Kur-

gästen gern bestaunt wird. Dann erscheint Nassau inmitten der Waldberge, zu Füßen jener bewunderungswürdigen, fast architektonisch gesetzten Bergkuppe, die hoch oben die alte Burg der Grafen von Nassau trägt. Auf halber Höhe lugt rötlich aus dem dichten Walde das Denkmal des Freiherrn vom Stein.

Hochwasserfluten und eine katastrophale Straßenführung haben Ehrenbreitstein, einst eine elegante 2000-Seelen-Gemeinde, bös zugesetzt: Verlassen und geschunden schauen die Häuser auf den Rhein, auf das Kurfürstliche Schloß und die Türme der Basilika St. Kastor gegenüber. In der Wambachstraße allerdings, der ältesten Straße Ehrenbreitsteins, steht ein perfekt instandgesetztes, typisch rheinisches Bürgerhaus aus der ersten Hälfte des 17. Jahrhunderts: das »Mutter-Beethoven-Haus«. 1746 wurde Maria Magdalena Keverich, die spätere Ehefrau des kurkölnischen Hoftenoristen Johann van Beethoven, hier geboren. Im ersten Stock des heutigen Museums liegt der umfangreiche Briefwechsel zwischen Ludwig van Beethoven und dem mit ihm befreundeten Koblenzer Arzt Franz Gerhard Wegeler in Vitrinen aus.

Und noch ein Museum in Ehrenbreitstein verdient unbedingte Erwähnung: das Rheinmuseum in der Charlottenstraße. 1912 gegründet, hatte es zunächst seinen Sitz in einem alten Schulgebäude in der Rheinzollstraße unweit vom Deutschen Eck. Heute findet sich hier, wo früher auch die Rheinwerft lag, ein Weinlokal (die in den Backstein über dem Eingang gemeißelten Lettern RHEINMUSEUM tastete man glücklicherweise nicht an). Bei gutem Wetter werden Tische und Bänke rausgestellt. Der Blick auf Rheinpromenade und Strom ist gratis.

Seit 1995 logiert das Rheinmuseum auf der anderen Rheinseite, eben in Ehrenbreitstein, im Geburtshaus des Schriftstellers Joseph Breitbach. Von 1903 bis 1928 hatte er in Koblenz gelebt, gearbeitet und in einem Café in der Innenstadt regelmäßige Zusammenkünfte mit Maurice Barrès, Jean Cocteau, John Dos Passos, Jean Prévost, Jean Schlumberger und nicht zuletzt mit der langjährigen Vorleserin der Kaiserin Augusta, Jules Laforgue, gepflegt. Von seiner Wahlheimat Paris aus schilderte Breitbach 1978 in seinen *Reminiszenzen*:

> Die meisten Freunde unter den Gästen jenes Cafés hatte Eric de Haulleville, ein wallonischer Surrealist. Er hat in Koblenz sein erstes Werk »Dénouement«, geschrieben. Als Surrealist glaubte er, durch immer neue Sprach-, Situations- und Ideeneinfälle jeden, der an oder neben seinem Tisch saß, in Erstaunen setzen zu müssen, und er war jedesmal sehr enttäuscht, wenn man sich nicht genug schockiert zeigte. Dieses Ziel erreichte er nur einmal, aber bei der Person, die er nicht schlechter hätte wählen können, bei Frau André, der beliebtesten Kellnerin des Cafés. Als diese ihn und mich fragte: »Einen Kaffee, schwarz für die Herren, wie immer?«, sagte Haulleville: »Nein, heute nicht für mich. Heute ist mein Geburtstag, bringen Sie mir ein schön weich gebratenes Baby.« Die Kellnerin antwortete prompt: »Wenn es ihr eigenes sein darf, sofort.« Haulleville hatte verstanden, daß die Kellnerin unbewußt die billige Tendenz der Glorifizierung oder Darstellung des Grausamen und Schaurigen, die in den Grundansätzen des Surrealismus steckt, durchschaut und mit ihrer schlagfertigen Antwort besser als mit jedem Argumentieren formuliert und verurteilt hatte. Er war so verlegen, daß ich, um sie zu entfernen, die Kellnerin bat, mir Zigaretten zu bringen. Sie brachte sie nicht. Ich war ihr dankbar für soviel Feingefühl. Haulleville betrat nie mehr das Café.

Eine Gedenktafel am Rheinmuseum erinnert an Joseph Breitbach, den Namensgeber des alljährlich ausgelobten Literaturpreises. Ansonsten wird in den mit großem Wissen und ehrenamtlichen Engagement (die Trägerschaft des Museums ist privat) ausgestatteten Räumen die »Kulturlandschaft Rhein« anhand von Stichen, Gemälden, Schiffsmodellen, Fischpräparaten, nautischem Gerät und vielem anderen. dokumentiert. Eine kostbare Postkartensammlung lagert im Archiv. Im Treppenhaus hängen Fotos von ächzenden Eisbrechern auf Mosel und Rhein. Dieses Thema ging in die Literatur nur am Rande ein. Der rheinische Dichter Wilhelm Schmidtbonn allerdings machte aus dem *Eisgang* (1925) eine spannende, reportagehafte Erzählung:

Das Moseleis kam zuerst. Genau zur Mitte rückte es an, pünktlich wie ein von Menschenhand geordnetes Schauspiel, fast ohne Vorboten, in gerader, abgegrenzter Linie, die sich über den ganzen Strom bis zum anderen Ufer hinzog. Die Schollen waren klein, kreisrund, schwarz und durchsichtig wie Glas. Eine stieß die andere voran. Hier schoben sich zwei mit den Rändern, wie zwei Zahnräder, aneinander vorbei, indem sie sich um sich selber drehten. Da strebte eine von ihren Nachbarn weg und schoß, mitten durch eine Schar anderer hindurch, auf eine ganz bestimmte zweite hin, an die sie sich festhing und die sie nicht mehr losließ. Jedesmal, wenn zwei zusammenstießen, gab es das scharfe, klare Klingen, an dem die Schiffer auch bei Nacht das Moseleis erkennen, ein Klingen, wie wenn an Glas geschlagen wird. Und das Klingen all der tausend und tausend Schollen vereinte sich in einen endlosen, singenden Ton, fein und leise, der die feuchte, schwere Luft, wie aus irgendeiner Ferne kommend, durchschnitt. Leicht und flink, schaukelnd und sich drehend, in unaufhaltsamem Vorwärtsschieben schwamm die Masse dahin, kein Ende nehmend. Es war wie ein Tanz, auf den man von oben heruntersah und der ein schwindelndes Gefühl vor den Augen hervorrief.

Mit der kommenden Dämmerung rückten die Schollen plötzlich enger aneinandergeschlossen heran. Kaum noch eine Lücke war sichtbar. Es war, als ob eine ungeheure Herde Schafe sich in Angst vor den hineinfahrenden Hunden zusammendränge. Der klare, singende Ton begann zu zittern, zu brechen, dumpfe Schläge dröhnten dazwischen, deren Ursache nicht zu erkennen war. Ein merkwürdiges Pfeifen, Zischen, Rollen und Schleifen, dann wieder ein Gurgeln und kurzes Aufbrausen kam immer näher.

Einzelne Schollen zeigten sich, weiß, mit wässerigem Schnee bedeckt, lang und eckig, wie mit Messern abgeschnitten, in den sonderbarsten Umrissen, groß wie kleine Stadtplätze. Sie trugen ganze Berge von kleinen Schollen auf sich und trieben majestätisch in dem Wirrwarr der tausenden kleinen dahin. Immer neue Schollen, die vor ihnen daherflüchteten, nahmen sie wie ein Teller sich darunterschiebend auf sich, oder drückten sie mit ihrem mächtigen Gewicht unter sich ins Wasser und ließen sie hinter sich wieder aufsteigen. Wie schleppentragende Dienerinnen hingen die Kleinen sich dann an den Saum der Königin an. Das Rheineis kam!

→ Links und rechts der Ahr

Von Andernach bis Rolandseck

Heute bin ich spazierengegangen auf Nonnenwerth. Zwar steht auf einem Schild ‚Fremden ist der Zutritt zur Insel untersagt', doch eine der Nonnen, Schwester Michaele, hatte mir das Losungswort für den Fährmann gegeben. Das Kloster, 1126 gegründet, ist im Laufe der Jahrhunderte mehrmals abgebrannt und immer wieder neu aufgebaut worden. Nach dem letzten Brand im Jahr 1723 hat die damalige Äbtissin, auch wegen der ständigen Hochwassergefahr, die ganze Insel einen Meter zwanzig aufschütten lassen – eine erstaunliche Leistung für die damalige Zeit. Danach baute der Koblenzer Architekt Nikolaus Lauxen das Kloster im spätbarock-klassizistischen Stil neu auf, so wie wir es heute noch sehen. Auch der Name der Insel – »Werth« oder »Werde« ist ein altes Wort für Insel – hat eine bewegte Geschichte hinter sich, wie Schwester Michaele erzählt, die seit einundvierzig Jahren auf der Insel lebt.

Der Icherzähler unserer Tage ist der Reiseautor Christian Linder. Bei seinem Besuch hört er weiter, daß ein Gastronom damals die Insel gekauft und das Kloster zu einem Hotel umfunktioniert hatte. Zu den ersten Gästen zählte im Jahr 1832 Ottilie von Goethe, die Witwe des Goethesohnes August. Zur selben Zeit weilte auch der »Lederstrumpf«-Autor James Fenimore Cooper auf Nonnenwerth. In einem Brief nach Amerika, nach Hause, beschrieb

← Der Rheinkran von Andernach - ein einzigartiges Denkmal für den blühenden Handel der Stadt im 16. Jahrhundert

er die dortige »Wildnis«, während der Rhein »seufzend« unter seinem Fenster vorbeigeflossen sei »und der Drachenfels sich ganz im bleichen Mondlicht zeigt«. Weitere namhafte Gäste des Klosterhotels waren Ernst Moritz Arndt, Joseph Görres und Franz Liszt. Letzterer reiste 1841, begleitet von George Sand, für mehrere Monate an. Am 22. Oktober desselben Jahres feierte der Komponist im Klosterhotel seinen dreißigsten Geburtstag. Eine von ihm gepflanzte Platane, heute der höchste und prächtigste Baum auf Nonnenwerth, erinnert daran. Liszt kehrte bis 1843 immer wieder zurück, nicht mit der Sand, sondern mit seiner Frau, der Gräfin Marie d'Agoult, und den gemeinsamen Töchtern Cosima (der späteren Gemahlin Richard Wagners) und Blandine.

Während der späten Rheinromantik Mitte des 19. Jahrhunderts ließen sich viele Kölner Patrizier am Flußabschnitt bei Rolandseck nieder und beschlossen, sich eine Privatbahn zuzulegen zwecks schneller Präsenz anläßlich geschäftlicher Meetings. Mit Pferd und Wagen nämlich dauerte die Strecke nach Köln einen ganzen Tag. 1856 wurde der Bahnhof Rolandseck (ein herausragendes Zeugnis der frühen, deutschen Eisenarchitektur) eingeweiht. Hans von Bülow und Richard Wagner, Johannes Brahms und Robert Schumann kamen dort an, wanderten auf den Spuren Uhlands, Heines und Freiligraths, tourten durch das Ahrtal, besichtigten die Apollinariskirche oder faulenzten am Strand:

Ich saß am grünen Strand von Rolandseck. Mir war
Als wandle drüben in der Mädchenschar
Auf Nonnenwerth noch immer Rolands Nonne.
Die sieben Berge schliefen müde in der Sonne,
Wie Tiere, die Prinzessinnen bewachen.
So wartete ich träumend auf den schweren Nachen.

Von oben kamen Leute, die hinüber wollten.
Ganz sinnlos ließen drei Hannoveranerinnen
Zerpflückte Rosenblätter in den Rheinstrom rinnen
Er war wie eine Ader deines schönen Leibes…
Und auf der lichtgefleckten Uferstraße flohn, gehetzt
Von Angst und gar nicht ritterlich, Automobile,
Und Dampfer schwammen würdig und gesetzt
Rheinabwärts – viele, viele…

Der Dichter Guillaume Apollinaire gab 1912, als er diese Verse schrieb, in Bad Honnef Hausunterricht. Ansonsten lebte der Freund von Braque, Dufy und Matisse in Paris.

Das einstige Strandbad, das Rolandseck damals weithin bekannt gemacht hat, wurde längst fortgespült; verweht ist das einstige Flair der Sommerfrische. Der Bahnhof indes blieb. Mehrfach drohte ihm der Abriß. Und hätte Johannes Wasmuth, ein schwergewichtiger Kunstmäzen, in die stuckverzierten Säle nicht Unmengen von Geld gepumpt, wäre aus dem historischen Denkmal wahrscheinlich nie jener Ort für Ausstellungen, Lesungen und Konzerte geworden, den Marcel Marceau in seinem *Manifest von Rolandseck* (1969) als »das Theater« pries, »in dem sich alle Künste vereinen«. Stefan Askenase und Yalta Menhuin, Hans Richter und Oskar Kokoschka, Antonio Calderara und Swjatoslaw Richter – sie alle und noch viel mehr zogen und ziehen dort Kulturliebhaber an. Heute steht für den »großen Bahnhof« der Stifter Hans Arp.

Rolandseck und den 150 Meter hoch überm Rhein liegenden Rolandsbogen (dieser wurde von der Rolandsage umwoben, jener Herz-Schmerz-Story von Ritter Roland – manch einer vermutet hinter dem Namen sogar den liedberühmten Paladin Karls des Großen – und seiner Auserkorenen, Hildegunde auf Nonnenwerth) erreichen wir von Andernach aus. Auch diese Stadt wieder ein Relikt der Römerzeit; ihre Befestigungsanlagen samt der fünfzehn Tore beeindrucken durch weitgehende Unversehrtheit; die Liebfrauenkirche (die Andernacher nennen sie zu Recht Mariendom) führt die Kunstgeschichte unter den Meisterwerken der rheinischen Romanik. Der »Alte Krahnen« aber vor allem am Westende der Stadt in den Rheinanlagen, erbaut zwischen 1554 und 1559, lockt die meisten Besucher an. Vier Wasserspeier beugen sich über den Maßwerkfries des steinernen Rundbaues. Bis 1911 ratterte das Triebwerk, um die Mühlsteine aus der Eifel zu verladen; dann wurde es in den Ruhestand versetzt. Jederzeit allerdings wäre es fit genug für einen neuerlichen Einsatz.

Hinter Burg Rheineck (der Bonner Jurist und Professor Moritz August von Bethmann-Hollweg kaufte die Ruine 1832 und ließ sie in den reichen Formen der rheinischern Spätromanik unter der Leitung von Johann Claudius von Lassaulx wieder aufbauen) und der Ahrmündung liegt Remagen. Durch den Rheinübergang der Amerikaner am 7. März 1945 rückte die Stadt in die Geschichtsbücher der Gegenwart: Die Deutschen hatten die letzte unzerstörte Rheinbrücke sprengen wollen. Das Vorhaben mißlang. Zwar hob sich die Brücke. Aber erst später brach »Die Brücke von Remagen« (so der Titel des amerikanischen Filmes 1968) zusammen, und 1948 dichtete der »Kahlschlaglyriker« Günter Eich:

Blick nach Remagen

Am Nachthimmel ungeheuer
leuchtet der Widerschein
der tausend Lagerfeuer
auf der Steppe am Rhein.

Am zerschoßnen Gemäuer,
weiß ich, grünt wieder der Wein.

Werden mir jünger und neuer
einmal die Stunden sein?

Der nächtlichen Lagerfeuer
mächtiger Widerschein
brennt in die Herzen getreuer
als in den Himmel sich ein.

Bleibt die Flamme mir teuer,
bin ich aus ihr allein,
seis, mich verzehre das Feuer,
seis, es glühe mich rein.

→ Die ehemalige »vorläufige« Hauptstadt

BERICHTE AUS BONN

Alles vorbei. Im Sommer 1999 wurden die Koffer gepackt, fand die letzte Bundestagssitzung in Bonn statt. Niemand hätte fünfzig Jahre zuvor im Ernst gedacht, daß jene Karikatur eines Tages historische Wahrheit werden würde – jene Karikatur nämlich in einem westdeutschen Blatt (von rund 150 Zeitungen, die es 1949 gab, votierten lediglich zehn für Bonn als Hauptstadt!): darauf war Ernst Reuter, der Regierende Bürgermeister von Berlin, als Fährmann zu sehen, der den Berliner Bären in einem Nachen tapfer über den Rhein setzte. Der Bär schluchzte bitterlich und hielt seine Krone, die er abgenommen hatte, fest in der Hand. Vater Rhein streichelte das Tier und sprach: »Keine Sorge, ich werd' die Krone bestimmt nicht behalten!«

In den Kriegsschutt (1944 hatten 250 alliierte Bomber über zwei Drittel der Stadt verwüstet) wurden dann die Kulissen für die neue politische Bühne der Nation gerammt, wurden die Rollen verteilt und einstudiert, nachdem der Parlamentarische Rat im (unversehrt gebliebenen) Bonner Museum Alexander Koenig, einer der größten zoologischen Sammlungen der Welt, zu seiner Eröffnungssitzung zusammengekommen war – umgeben von ausgestopften Säugetieren und präparierten Schmetterlingen als Publikum. Dann begann der erste Akt. Mit Adenauer und Heuss. Mit Hallstein und Ollenhauer und Schumacher und wie sie alle hießen. 1953, im Jahr der zweiten Bun-

← Das Bonner Beethoven-Haus ist Forschungs- und Gedenkstätte

destagswahl, verwickelte Wolfgang Koeppen in seinem Roman *Das Treibhaus* die noch jungfräuliche »vorläufige Hauptstadt« in ihren ersten Literaturskandal:

Und wenn er nicht wiedergewählt wurde? Ihm graute vor der Ochsentour der Wahlschlacht. Immer mehr scheute er Versammlungen, die häßliche Weite der Säle, den Zwang, durch das Mikrophon sprechen zu müssen, die Groteske, die eigene Stimme in allen Winkeln verzerrt aus den Lautsprechern bullern zu hören, ein hohlklingendes und für Keetenheuve schmerzlich hohnvolles Echo aus einem Dunst von Schweiß, Bier und Tabak. Als Redner überzeugte er nicht. Die Menge ahnte, er zweifele, und das verzieh sie ihm nicht. Sie vermißten bei Keetenheuves Auftritt das Schauspiel des Fanatikers, die echte oder die gemimte Wut, das berechnete Toben, den Schaum vor dem Maul des Redners, die gewohnte patriotische Schmiere, die sie kannten und immer wieder haben wollten. Konnte Keetenheuve ein Protagonist des Parteioptimismus sein, konnte er die Kohlköpfe im abgesteckten Beet der Parteilinie nach der Sonne des Programms ausrichten? Phrasen sprangen vielen wie quakende Frösche vom Mund; aber Keetenheuve grauste es vor Fröschen.
Er wollte wiedergewählt werden. Gewiß, das wollten sie alle. Aber Keetenheuve wollte wiedergewählt werden, weil er sich für einen der wenigen hielt, die ihr Mandat noch als eine Anwaltschaft gegen die Macht auffaßten. Aber was war dazu zu sagen? Sollte er die Hoffnung malen, den alten Silberstreifen aufziehen, der vor jeder Wahl aus der Kiste geholt wird wie der Baumschmuck zu Weihnachten (die Partei verlangte es), die Hoffnung, daß alles besser wird, diese Fata Morgana für Einfältige, die sich nach jedem Plebiszit in Rauch auflöst, als

wären die Stimmzettel in des Hephaistos Esse geworfen? Doch konnte er es sich leisten, sich nicht anzupreisen? War er eine gesuchte Ware, ein Star des politischen Kintopps? Die Wähler kannten ihn nicht. Er tat, was er tun konnte, aber das meiste tat er in den Ausschüssen, nicht im Plenum, und die Arbeit der Ausschüsse geschah geheim und nicht vor den Augen der Nation.

Bonn, die ehemals feine Residenz der Kölner Kurfürsten und als solche mit Barock- und Rokoko-Geschenken überreich bestückt, wurde durch den Status der Kapitale nicht gerade schöner. Ohne Sinn und Verstand warf man ihr Regierungssilos vor die Füße, zog man Stahlkästen unweit der Rheinwiesen und dem paradiesischen Rheinauen-See hoch, mutete man der Villa Hammerschmidt und dem eleganten Palais Schaumburg in nächster Nähe ein Bundeskanzleramt von »brutaler Klotzigkeit« zu, so der »Teilzeit-Bonner« Hermann Höcherl, 1961 CSU-Bundesinnen- und später -landwirtschaftsminister, vor seiner Rückkehr nach Bayern in einem poetisch-nachdenklichen Pamphlet. Während der Moskauer Verhandlungen 1955 reiste der Schriftsteller François Bondy aus Zürich an:

Der Chauffeuer, ein gemütlicher Rheinländer älteren Jahrgangs, hatte den Namen des Hotels nie gehört und, wie im Dorf, begann er sich bei den Nachbarn, nämlich den Passanten, durchzufragen. Nein es half nichts. Niemand hatte vom »Rheinland« gehört. Es war schon besser, einmal beim Verkehrsamt nachzufragen. »Ach, das ist so eine Pension in Godesberg, wird sich schon finden.« Inzwischen hatte der Fahrer bemerkt, daß mir ganz Bonn so unbekannt war wie ihm mein Hotel, und er stellte mir gewissenhaft Gebäude nach Gebäude vor. Zuerst quetschten wir uns langsam durch das stockende Gewühl der Stadtmitte. Ein trostloser Bahnhof, ein ächzendes Tram, ein Karussell von Einbahnstraßen. Dann ein Gebäude mit Säulen wie Nudeln, das Postministerium, wenn ich mich recht erinnere. Ein monumentaler Suppenwürfel, fast beendet – das neue Presseamt. Ein Lehrerseminar mit angebauten Flügeln – der Bundestag.

Mit Genörgel über das »Bundesdorf«, das »Kaff«, wuchs Bonn von Anbeginn seiner Staatskarriere auf. Und wie wenn es darum gegangen wäre, an einem Wettbewerb teilzunehmen, machten immer neue Anti-Spots wie das »Idyll mit Komfort« oder der »Verhandlungsort mit Schaumstoffpolstergarnitur« die Runde. Dabei ließen sich die Bonner selbst, die wirklichen »Bönnsche«, kaum aus der Ruhe bringen, blieben gelassen, warteten ab, zumal der Wechsel von Segen und Fluch politischer Macht immer zu ihrer Stadtgeschichte gehört hat. Von jenem merkwürdigen »Pflichthaß« auf Bonn, wie Böll noch 1963 konstatierte, hoben sich die *Ansichten eines Clowns* wohltuend ab. Dort wurden die »falschen Erwartungen« an Bonn auf den Punkt gebracht.

Wenig später wurde der andere Vorwurf zum Dauerbrenner, daß es mißlungen sei, Bad Godesberg, die Belle de Jour im Süden, harmonisch mit Bonn zu verbinden. Von einer »seltsamen Zahnlückengegend« aus Parteihochhäusern, Kfz-Werkstätten und Handelsvertretungen, »mal schäbig, mal aufgedonnert«, sprach in den siebziger Jahren der Architekturkritiker Peter M. Bode. Dabei schimmerte zwischen den Zeilen das tiefe Mißbehagen über die Eingemeindung des vornehmen Ortes 1969 durch. Standesbewußte Bad Godesberger fühlten sich entehrt. Denn zum Teil eines Ganzen zu mutieren war fast gleichbedeutend damit, die eigene Identität zu verlieren. Und die hatte sich an jener Epoche Ende des 18. Jahrhunderts orientiert, als der letzte Kölner Kurfürst, Maria Theresias Sohn Max Franz, mit exzeptionellen „Köstlichkeiten“ wie der Redoute, dem Hoftheater sowie den von Peter Lenné gestalteten Parkanlagen zu Füßen der alten Burgruine aufwartete.

Der Duft von teurem Parfum liegt in Bad Godesberg noch immer in der Luft. Und wenn eine alternde Dame auf hochhakkigen Pumps mit Tigerfell-Imitat ihren Spitz an einer Tigerfell-Imitatleine ausführt, bestätigt dies einmal mehr auch eine Schwäche für mondäne Lebensart. Rauschende Feste, Bälle und Empfänge auf blankestem Parkett waren und bleiben da stets willkommen.

Die Diplomaten fühlten sich in dieser Umgebung wohl, wohnten in Bad Godesberg (oder auch »nebenan« in Plittersdorf) in traumhaften Bürgerpalästen. Erhabene, knorrige Bäume schauen hier wie Wächter über Büschen und Hecken hervor. An Gittern und Zäunen wuchern hohe Gräser und Riesenfarne, Blumen leuchten in knalligen Farben. Eine Vegetation beinahe wie in subtropischen Gefilden. Bonn ist sehr, sehr warm.

Die meisten Diplomaten (um die 2000 sollen es gewesen sein) haben Bad Godesberg 1999 verlassen. Zahlungskräftige Kölner rissen sich um die vakanten Zimmerfluchten. Die »Diplomatenrennstrecke« Bad Godesberg-Bonn-Bad Godesberg hat ihre Schuldigkeit getan; sie wird nun vom modernen Dienstleistungsadel und von den Doyens der digitalen Unterhaltung befahren. Keine Limousinenkavalkaden mehr mit Staatsbeamten und keine Staatsbeamtengattinnen mehr, die als Krawattenzupfer, als seelische Müllcontainer, als Vorzeigemöbel in der Villa mit Hanglage ein lebloses Dasein führen.

ERIKA WUBLER *auf dem Balkon über der Terrasse. Kaffeekanne und Tasse neben sich. Blick auf den Rhein.* Heute morgen hatte ich zum ersten Mal seit Kriegsende Angst, ganz fremd überkam sie mich, eine andere Art Angst als die Angst bei Kriegsende. Vierzig Jahre ohne Angst? Nein. Oft bin ich bange gewesen, wenn Hermann zu hoch in die Politik geriet, und Chundt hat mir immer Angst gemacht: Er will zu hoch hinaus, und er will beides, den Himmel und die Erde. Ja, den Himmel will er auch. Vielleicht habe ich zu viel Zeit nachzudenken. Zu tun habe ich ja nicht viel: repräsentieren, auf Partys und bei Abendessen, die die manchmal Dinner nennen. Bei Banketten sitze ich immer neben dem Zweithöchsten, manchmal neben dem oder der Höchsten, wo ich dann feststellen kann, daß auch Königinnen wirklich Menschen sind, manchmal sogar dumm. Ich langweile mich nie dabei, frage sie ungeniert nach ihren Männern oder Frauen, Kindern, Lieblingsspeisen, und offenbar ist das genau das, was die Frau eines Dritthöchsten tun soll: nett sein, privat, und ich darf nicht nur, ich soll sogar erzählen, daß ich früher einmal Schuhverkäuferin war; das ist doch Demokratie. Manche ziehen dann sogar ihre Füße unterm Tisch hervor, und ich muß ihre Schuhe begutachten.

Frauen vor Flußlandschaft – beobachtet und festgehalten von Heinrich Böll. Es war sein letztes Werk. 1985. Nun sind diese Frauen fort. Fort nach Berlin, vom Rhein an die Spree. Sehr viele von ihnen jedenfalls.

Auf der Bühne Bonn haben unterdessen großräumige Umarbeiten begonnen. Ein neues Stück soll auf den Spielplan kommen. Titel: »Gesamtstaatliche Repräsentation«. Nutzlos gewordene Kulissen wurden übergetüncht oder eingestampft; ganze

Straßenzüge offerierte man zum Verkauf, seit die »Bundesstadt« 1991 ihr »Haupt« verlor. Kein Grund für Depressionen. Bonn boomt und brummt, hat doch der Umzug nach Berlin wie eine Lebenskrise gewirkt, die enorme Energien freisetzt. Auf dem Schnäppchenmarkt des 21. Jahrhunderts strahlt als Siegerin die Telekom: das Konrad-Adenauer-Haus, die CDU-Parteizentrale – nicht ohne symbolischen Bezug jetzt ihr Eigentum. Sechs Ministerien verbleiben in Bonn; außerdem kündigten sich aus Berlin und Frankfurt über zwanzig Bundesbehörden an. »Sobald die Scheinwerfer ausgehen«, werde die Stadt »wie leergefegt« sein, hatte noch 1954 Raymond Silva im Journal de Genève prophezeit. Mit dieser Meinung stand er keineswegs allein, wie die lesenswerte Anthologie *Bonn – viel größer als ich dachte*, 1998 von Detlef Bluhm und Rainer Nitsche herausgegeben, beweist. Aber es kam, wie es kommen sollte. Anders vor allem.

Bonn will ab sofort internationale Kongreß-Stadt sein, ein moderner Brennpunkt für Forschung und Technologie. Zu diesem Zweck wurde den künftigen Akteuren eine einmalige Summe von 2,81 Milliarden Mark zur Verfügung gestellt. Den dicksten Batzen aus diesem »Solidaritätszuschlag« kassierte das Wissenschaftszentrum »Caesar« (Center of Advanced European Studies and Research); 700 Millionen Mark sind für neue Fachhochschulen anvisiert, eine halbe Milliarde Mark für Erweiterungen der Universitätskliniken.

Die Bonner Alma Mater, eine der traditionsreichsten Hochschulen in Deutschland, hat es verdient, wieder stärker im Rampenlicht zu stehen: Noch unter der Ägide des Hauses Habsburg (das den damals 18jährigen Beethoven tatkräftig gefördert hat) wurde sie 1786 gegründet; Napoleon schloß (wie auch in Mainz und Köln) 1794 den Lehrbetrieb; Preußens König Friedrich Wilhelm III. eröffnete die Universität im Jahr 1818 wieder (nachdem Bonn auf dem Wiener Kongreß zur preußischen Rheinprovinz geschlagen worden war) und wählte als Sitz die leergewordene kurfürstliche Residenz. Köpfe von weltpolitischem Rang (Ernst Moritz Arndt, August Wilhelm Schlegel, Heinrich Heine, Karl Marx) bestimmten das geistige Klima. Spektakulär auf andere Weise wirkten an der »Rheinischen Universität« einige weibliche Koryphäen (warum wird keine einzige selbst in aktuellsten Stadtführern erwähnt?): die Zoologin Maria Gräfin von Linden, die Archäologin Margarete Bieber, die Kunsthistorikerin Luise Straus-Ernst, Ehefrau des Malers Max Ernst, die Altphilologin und Pazifistin Klara Marie Faßbinder...

Von den Wiesen des Hofgartens aus, dem »grünen Campus«, sieht man am Ende der ein Kilometer langen »barocken Achse« zwischen rotblühenden Kastanien das Poppelsdorfer Schloß (seit 1818 ebenfalls für Lehrveranstaltungen genutzt) und den Botanischen Garten. Zu Fuß mühelos erreichbar ist von hier aus der dreieckige Bonner Markt mit seinem berühmten Rathaus, ebenso der Münsterplatz, in dessen Mitte das Beethoven-Denkmal und ein paar Schritte weiter, in der Bonngasse 20, das meisterhaft restaurierte Beethoven-Haus steht. Jetzt, wo Vater Rhein dem Berliner Bären seine Krone zurückgegeben hat, will Bonn sein Augenmerk mehr als bislang auf seine kulturellen Kleinodien richten, mit Ausstellungen an seine glanzvolle Vergangenheit erinnern, mit zeitgenössischer Kunst aber auch in die Zukunft schauen. Die Museumsmeile, unverhofft zum Abschiedsgeschenk der Regierung geworden, hat also wieder beste Chancen, doch noch als Aushängeschild zu reüssieren: für die »Bundesstadt« Bonn, die ehemalige »Bundeshauptstadt«.

→ Provinziell und international

Köln

Viele Wege führen nach Köln. Zu Wasser, zu Luft, zu Lande. Und über die Hohenzollernbrücke. Exakt in der verlängerten Ost-West-Achse des Domes führt sie auf den Steinriesen zu, auf das mittelalterliche Bauwunder. Vorbei an den beiden Reiterstatuen der Hohenzollernkönige, geben die Gleise in einer Kurve nach halbrechts den Blick auf den Kapellenkranz des Domchores frei. Dann ducken sich die Züge (weit über 1000 pro Tag, die S-Bahnen nicht mitgezählt, jagen über diese berühmteste Brücke der rheinischen »Klüngelstadt«) unter den niedrigen Dächern der Bahnsteige und kommen in jener Halle zum Stehen, die ein herausragendes Beispiel der Glaspalastarchitektur aus dem 19. Jahrhundert darstellt. Preußens König Friedrich Wilhelm IV., ein großer Förderer auch der Domvollendung, wollte durch das dichte Nebeneinander von Kathedrale und Bahnhof die Vergangenheit mit der Zukunft konfrontieren. Die schönen Künste fügten dieser einzigartigen städtebaulichen Komposition (wo gibt es Vergleichbares?) weitere »kölnische« Akzente hinzu, indem unterhalb des Domes 1986 das Doppelmuseum Ludwig/Wallraf-Richartz eröffnet wurde. Unterhalb dieses schachtelähnlichen, hintereinandergestaffelten Komplexes wiederum entstand, eingebettet in den Rheinhügel, im selben Jahr die Philharmonie. Deren Dach bildet der Heinrich-Böll-Platz, den der israelische Künstler Dani Karavan gestaltet hat.

Bölls langjähriger Sekretär Frank Grützbach, Verfasser auch eines Köln-Krimis und zahlreicher Hörspiele, deren Handlungen in Köln angesiedelt sind, weiß aus Erfahrung, daß die meisten

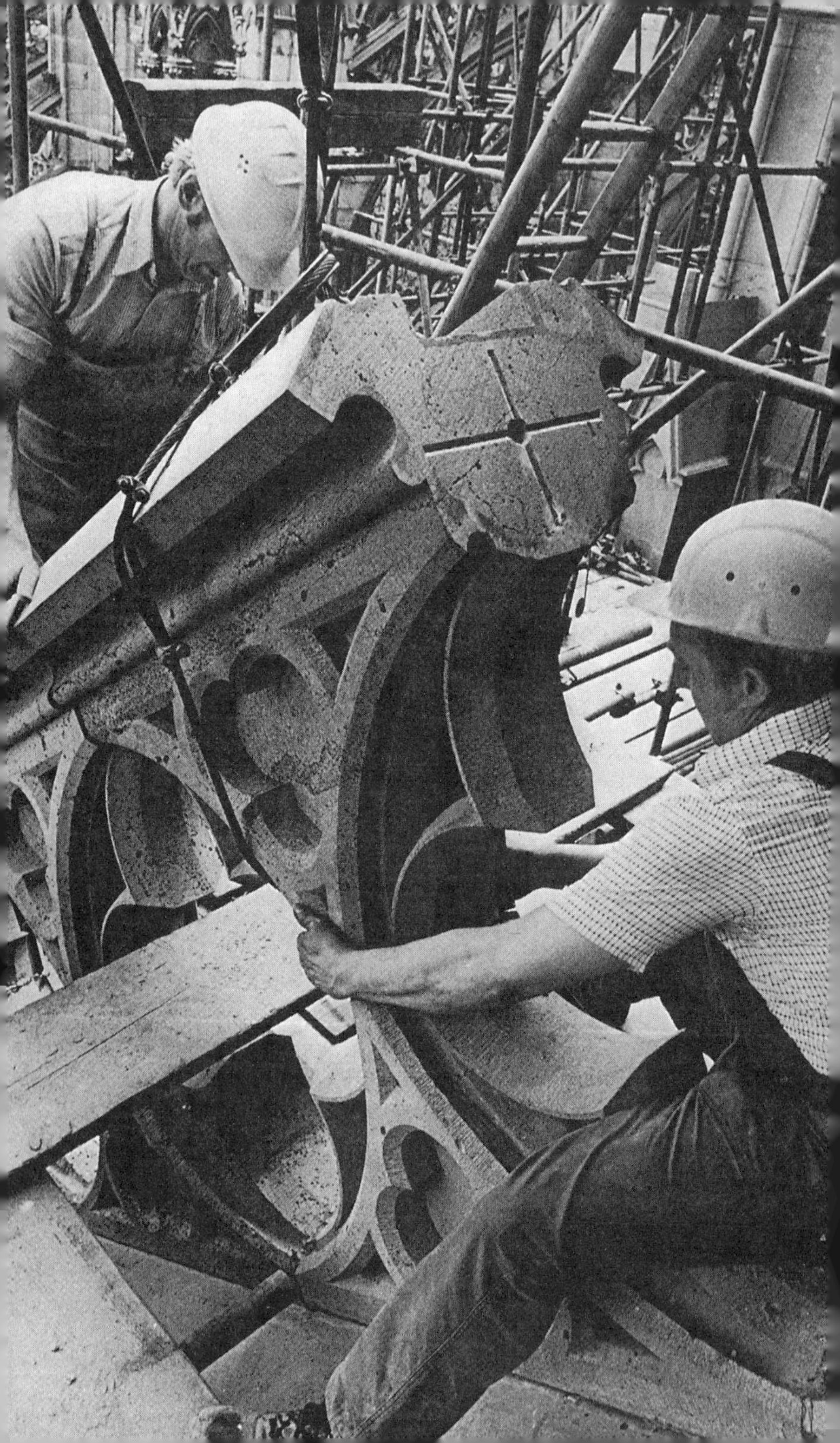

Leute (Kneipenfreaks, Karnevalisten, Globetrotter, Dombesteiger, Skateboarder, »Imis«, d.h. alle Zugezogenen seit Kaiserin Agrippina, und natürlich die Kölner selbst) die »Erlebnisankunft« bevorzugen und »diesen Moment« genießen: »Ankommen Dom, Hauptbahnhof«. In der Lyrik und Literatur hat letzterer immer eine wichtige Rolle gespielt. Nein, immer nicht. Das wäre historisch unkorrekt. Erst seit 1945. Wie überhaupt Colonia Claudia Ara Agrippinensium eigentlich nie so der rechte Ort für belletristische Schöpfungen war. Vertreter der schreibenden Zunft hielten sich nur selten länger als ein paar Tage in der Stadt auf, behauptete Anfang der siebziger Jahre Heinrich Vormweg, der Literatur- und Theaterkritiker: »Nicht Schiller und Goethe, sondern Tünnes und Schäl gaben den Ton an.« Der rheinische Witz, mit satirischer Bissigkeit gegen die jeweilige Obrigkeit gespickt, beherrschte das Terrain, abgefedert vom rheinischen Merkantilismus. Doch dann kamen sie. Scharenweise. Nachdem Köln, das »Paradigma der Zerstörung«, so Janet Flanner 1945 in einer literarischen Reportage des *New Yorker Magazine*, fast komplett von der Landkarte verschwunden war: »in der Einsamkeit völliger physischer Zerstörung lehnt Köln, bar jeder Gestalt und schmucklos, an seinem Flußufer«. (Das Volumen der Schutthalden, das damals auf Lastwagen geschaufelt und in den Grüngürtel der Stadt zu Natur-Attrappen aufgehäuft worden war, hätte über 45mal in den Dom hineingepaßt; eine Neugeburt der Stadt schien undenkbar.)

Paul Schallück und Heinrich Böll machten sehr bald von sich reden; der junge Verlag Kiepenheuer & Witsch bot Nachwuchsautoren eine wichtige Plattform an; eine für Köln »radikal neue Intitiative« startete der Bahnhofsbuchhändler Ludwig mit

← Der Kölner Dom - eine Baustelle bis in alle Ewigkeit

seinen »Mittwochsgesprächen« (erstmals seit dem kurzen Zwischenspiel mit Karl Marx als Chefredakteur der *Neuen Rheinischen Zeitung* 1848/49, stand damals in den Gazetten, prickelte die Luft wieder von Ideen und Interpretationen, die über die Grenzen der Dommetropole hinaus rezipiert wurden); der Lyriker Jürgen Becker entwarf mit seinen legendär gewordenen *Feldern* (1964) eine avantgardistische Kölner Topographie. Darin wurde auch der Hauptbahnhof zum immer wiederkehrenden Thema:

Hier sah ich durch das Riesenglas der Fassade ein Stück Himmel da sammelten sich Klumpen von Koffern dort zog es von den Eingängen her es war ein ziemlich nasser Morgen. Es lief ein ziemlicher Betrieb durch die Glastüren mit raschen Schüben überall dahin wo im ganzen Bahnhofsbau etwas los war. Querströmend kamen Schübe von den Bahnsteigen herunter schlängelten sich durch die Sperren lösten sich in der Halle auf und versickerten im Stadtgebiet drinnen und weiter draußen. [...] Redestummel richteten meine Ohren hierher dahin. Die Treppe hinauf ins klirrende Café. Die Treppe hinab zum Reisebuch. Im Seitentrakt pendelten immer ein paar Dauerkunden die um diese Zeit nichts abzustauben fanden und schön ruhig am Wochenschaukasten stehenblieben wenn der Streifendienst kam.

Auf dem Bahnhofsvorplatz Hunderte von Fahrrädern im Ruhestand; übernächtigte Gesichter; Wermutsbrüder; Hunde mit schweren Halsketten neben pubertierenden Mädchen auf den Treppen hoch zum Dom; die Taxifahrer haben alle Hände voll zu tun. In der Ära des Jugendstils wurde der Bahnhof verändert (im 1915 eröffneten Restaurant des Wartesaals erster Klasse dinieren heute, umgeben von den drei Meter hohen originalvertäfelten

Kassettenwänden, Freiberufler, Edelsingles, Galeristen, Kulturpäpste und WDRler der höheren Gehaltsstufen); nach 1945 wurde der kriegsversehrte Bahnhof neu aufgebaut. »Die Lautsprecher machen ihr Palaver. Die Lampen scheinen überall mit Bedächtigkeit, in den Kiosken und oben unterm Dach«, erzählt 1956 der Stadtchronist Karl Zimmermann. »Der ganze Bahnhof summt zufrieden vor sich hin und ist dabei ein wenig festlich angetan. Das Provinzielle und das Internationale – hier mischt sich's zum neuen Element.«

Massen strömen Richtung Domplatte: Reisegruppen. Flaneure. Umschlungene Paare. Schulklassen. Alte Leute. Eilige mit Einkaufstüten. Das Gefälle zwischen profanem Grund und heiligem Boden (der Dom liegt ja auf einem der Kölner Hügel) wurde einstmals durch einen Pfad mit dem Namen Hexengäßchen überbrückt. Inzwischen regiert vom Bahnhofsvorplatz bis zum Dom »ein Terror der Öde, des windigen Nichts«, zischt Jürgen Becker 1972 in einem Gedicht, »vollgekotzt« mit Beton. Souvenirbuden säumen den Weg zu Kölns einträglichster Touristenattraktion, in deren »millionenfältigem Gewande Taubenvölker und die Lichtstrahlenbündel moderner Reflektoren nisten«. An dieser Beobachtung des Schriftstellers Gerhard Zwerenz aus dem Jahr 1966 hat sich bis heute nichts geändert. Neu ist hingegen, daß die Bauhütte erstmals seit 750 Jahren der Leitung einer Frau untersteht: der Dombaumeisterin Barbara Schock-Werner. Für die aus Schwaben zugereiste Architektin und Kunsthistorikerin (katholisch, schwindelfrei) ist der Kölner Dom eine »rationale, logisch geplante, mathematische Angelegenheit mit stark emotionaler Wirkung«. Sobald man sich auf seinen Raum einlasse, spüre man seine klare Geometrie, seinen Rhythmus. Ähnliches empfand 1948 Elisabeth Langgässer, als sie an einer Domfeier in dem Gotteshaus teilnahm:

Wir wurden in lauter Ruhe verwandelt, in schweigende Anbetung und in einen Zustand völligen Entleertseins, Gefäßseins, das nichts erfüllte als der Atem dieser Stunde und eine Gelassenheit, die so groß war, daß wir kaum mehr aufstehen und wieder auf die Straße gehen konnten. Als es dann völlig dunkel draußen war, wurde der inzwischen geschlossene Dom von großen Scheinwerfern angestrahlt und in ein Meer von Licht getaucht – nur er, sonst nichts in dieser Dunkelheit. Und er war wie völlig entmaterialisiert: reiner Gedanke, Architektur an sich, Sehnsucht.

1248 wurde der Grundstein zu der vollkommensten Kathedrale des abendländischen Mittelalters gelegt – im Wettstreit mit Chartres, Reims, Amiens hatte Köln für alle Zeiten obsiegt.

Er war mir schon ein Begriff, bevor er mir leibhaftig vor Augen stand. Man sprach von ihm wie von einer Sagengestalt: er war riesenhaft und schön, phantastisch und kostbar, er war populär und einzigartig. Man konnte das sakrale Er auf ihn anwenden wie auf ein Überwesen von herausragender Würde, das es aber erlaubte, mit ihm vertraut zu sein. So wurde über ihn gesprochen, so wurde ich auf ihn vorbereitet. Auch im weiteren Umkreis, und in dem wohnten wir, war seine Gegenwart noch spürbar, wie bei großen herrscherlichen Persönlichkeiten, deren Macht vom Herrschersitz bis zur Peripherie ausstrahlt, so daß sie stets anwesend sind, auch wenn man sie nicht sieht. Er, der Dom, war in meiner Kindheit für mich eine Person, und er ist es auch geblieben.
Ich weiß nicht, wann ich ihn zum erstenmal sah.

Rückblicke von Dieter Wellershoff in seinem Essay *Der Dom als Vatergestalt* anläßlich jener Ausstellung in der Josef-Haubrich-Kunsthalle »Der Dom im Jahrhundert seiner Vollendung« (1980). Der Schriftsteller und Lektor (zu Beginn der sechziger Jahre hatte er eine »Kölner Schule« des neuen Realismus in der Literatur kreiert) war als Kind in Grevenbroich am Niederrhein zu Hause, rund 30 Kilometer nördlich von Köln. Rübenäcker, Kornfelder und Pappelwälder bestimmten die ländliche Szenerie; Ausflüge mit den Eltern in die Stadt fanden höchstens zwei- bis dreimal pro Jahr statt; und dann zumeist nach Neuss und Düsseldorf, wo es Schaufenster und Lichtreklamen, Straßenbahnen und vielstöckige Häuser gab. Das »phantastisch Andere und Unvorstellbare« blieb für Dieter Wellershoff aber der Kölner Dom:

Wie gesagt, ich weiß nicht, wann ich ihn zum ersten Mal mit Bewußtsein sah. Vielleicht vermischen sich in der Erinnerung verschiedene Erlebnisse zu einem einzigen, weil auch das zweite und dritte Davorstehen reine Überwältigungen waren, gegen die kein Vorbereitetsein verfing. Vielleicht muß ich noch dazu sagen: Wir waren protestantisch, aber auch nur der Form nach.
Meine Eltern gingen nicht in die Kirche. Ich wuchs völlig unfromm auf, in einem bürgerlichen Pragmatismus, mit Welterklärungsformeln, die zwar auch nur das Nichtwissen der Eltern ausdrückten, aber vorgaben, aus einem fortschrittlichen Bewußtsein zu stammen. »Das ist von der Natur so eingerichtet«, wurde mir erklärt, wenn ich vor unbegriffenen, geheimnisvollen Erscheinungen des Lebens stand, und so blieb ich weiter mir selbst und meinen Träumen überlassen. Und noch in diesem kindlichen Tagtraumalter muß ich den Dom zum ersten Mal gesehen haben. Mein Vater hatte mich

an der Hand. Wir standen vor der Westfassade, die Köpfe im Nacken, schwindelig hochstarrend, beide fast gleich klein vor dem Riesenwesen aus Stein, dessen Doppeltürme in den Himmel stießen. War denn das möglich? So hoch? Bis zu den Wolken? Wo nur noch die Vögel hinkamen. Aber auch die waren da oben schon verloren. Wie konnten die Steine bis dort oben hingelangen? Das war nicht von der Natur so eingerichtet, das war ein Bauwerk.
Meine Vorstellungen von Größe sind damals geprägt worden. Etwas Größeres konnte es nicht geben und ist mir auch bisher, trotz Fernsehtürmen und Hochhäusern, nicht vor Augen gekommen.

Respekt verlangt der Dom seinen Besuchern (täglich mehrere zehntausend) ab; er bietet keine Geborgenheit. Unruhig ist es während der Besichtigungszeiten. Hallende Schritte, ständiges Räuspern. Die Bänke fast alle besetzt. Mütter mit Kinderwagen drängeln sich nach vorn. Menschentrauben, die auf eine Führung warten. Wir halten nach Alfons Paquets Beobachtung Ausschau, daß nämlich das Tageslicht, gebrochen durch die bunten Glasfenster, »wie ein Glanz von Schmetterlingsflügeln auf den schlanken, mit Figuren geschmückten Pfeilern, auf den zinnernen Pfeifen der Orgel« liegt. Und wir vergegenwärtigen uns Hilde Rubinsteins Gedicht *Im Dom* aus dem Lesebuch *Beispielsweise Köln*, das 1980 aus einem Preisausschreiben zu der Frage hervorgegangen ist: Was haben Autorinnen und Autoren zum Leben in der Vielvölkerstadt Köln, zu ihrer Zukunft und zum Dom zu sagen? Also Hilde Rubinstein: 1904 in Augsburg geboren, lebte sie während der Weimarer Jahre in Köln, studierte Malerei, schrieb Theaterstücke, Romane, Novellen. Ihre antinazistischen Aktivitäten brachten sie 1933 in Gefängnishaft; nach ihrer Freilassung emigrierte sie nach Schweden; 1947 wurde sie schwedische Staatsbürgerin.

Nonne lugt aus ihrem Kleid
schneeige Taubenhaube segelt
durchs Steinparadies und Steinheilige
liegen stehend und schlafen
mit einer Kirche auf ihrer Hand
Rosa Kutte fordert
für den Korb und
lauscht mit Wachsohren
auf Ungehöriges

Schwindelnde Fensterpfeile: Blau glüht
wie Rot
Rot schimmert
wie Wein
gelb ist Honig und deren
Grün: gekelterte Sonne
Am schönsten das Perlenlicht das durchs
Weiße fließt
Dieses Lichtweiß:
ein Inkarniertes

Die Mutter der Hilfesuchenden Herzen
glitzert aus Goldstücken von damals
Bernstein und Granate: heil'ge
Bestechungsversuche
Gelübderinge und Bauchketten belasten
sie und ihren Sprößling
Gardine ihr Schleier und

ihr Herz eine Golduhr
die nicht mehr tickt
Sie blendet Bewunderer
die betend niedersinken
während ich
summend
aufsteige

Wie eine Antithese zur Strenge des Domes wirkt die Domplatte. Hier tobt und kocht und brodelt es: Ein baumlanger Jongleur wirft Keulen in die Luft (fast so hoch wie die Sehnsuchtshälse des Domes) und wird mit frenetischem Beifall entlohnt; Kids wedeln mit Inlinern auf einer von leuchtenden IKEA-Plexibechern markierten Slalomstrecke; am Springbrunnen neben dem Domhotel pausieren barfüßige Touristen – alle paar Minuten werden sie von Pennälern aufgeschreckt, die genau an dieser Stelle mit ihren Straßenrollbrettern cooles Abbremsen trainieren. Eine Sehenswürdigkeit der besonderen Art sind jene Fotoamateure, die mit den aberwitzigsten Verrenkungen den kompletten Dom vor den Sucher bekommen wollen – womöglich inklusive ihrer lächelnden Begleitung, dem Kegelverein, dem Skatclub, den Schwestern von Station 7 im Vordergrund. Da werden hektische Positionsanweisungen gegeben: »Mehr nach links, nein, doch nach rechts, Hilde, rück' du mal ein paar Zentimeter vor Hermann!« Dann den Auslöser gedrückt, den Schweiß von der Stirn gewischt. Der Film ist voll, die Kehle ausgedörrt. Wo gibt's das nächste Kölsch?

Doch erst einmal weiter zum Roncalliplatz, der ebenfalls zur Domplatte gehört und vom Domhotel (wer es sich leisten kann, gönne sich in dieser spätwilhelminischen Prunkherberge eine Nacht), dem Römisch-Germanischen Museum und dem Erzbischöflichen Diözesan-Museum umschlossen wird. Auch hier wieder jede Menge Betrieb. Vor allem Musik. Eben hat sich ein russisches Studentenensemble aufgestellt. Und schon eilt wie von oben geschickt ein Solo-Rollschuhläufer herbei, dreht passend zu den klassischen Klängen anmutige Pirouetten. Eine olympiareife Kür!

Nun aber endlich ein erfrischendes Kölsch. Die nächste Adresse dafür ist das »Brauhaus Früh« – gerammelt voll wie immer. An den Tischen sowieso. Aber auch in den Gängen, am Ausschank, vor der Tür. Nicht besser sieht es in den anderen Brauhäusern aus. Ob im »Päffgen«, im »Gaffel-Haus«, ob bei »Küpper«. Doch im Gewühl, besonders abends, wenn in der City die Geschäfte schließen, kommt ein echter Kölschtrinker erst richtig in Form, was wohl dem angenehmen Umstand zu verdanken ist, daß ständig ein Köbes um die durstigen Kehlen umhersaust. Nur zwei Dutzend Brauereien in Köln und Umgebung übrigens dürfen das obergärige Bier brauen; wer diese »Kölsche Konvention« unterläuft, wird zu horrenden Geldstrafen verdonnert. Und wer nicht weiß, was es mit einem Köbes, jener urkölnischen Figur mit dunkelblauer Schürze und ansehnlicher Geld-Katze auf sich hat, schlage im *Biotop für Bekloppte* (1996) nach – dieser Kabarett-Klassiker stammt aus einer »Stunksitzung«, Kölns begehrtestem alternativen Karnevalsspaß:

Ich war z. B. neulich beim Päffgen.
Da saßen am Nebentisch zwei Frauen,
der Sprache nach mehr aus der Stuttgarter Ecke.
Da rief die eine:
»Herr Ober!«
Das läßt ja schon mal aufhorchen,
wenn man zum Köbes »Ober« sagt.

»Zwei Kakao mit Sahne.«
Auha!
Das ließ Schlimmes ahnen.

Spätestens nach dem fünften, sechsten Kölsch (nicht im Glas, sondern in der »Stange«) rücken wir im »Früh« enger zusammen; die Luft ist zum Schneiden dick; der Geräuschpegel steigt unaufhaltsam vom Strunze, Schwade, Suffe; auf den Tellern dampfen Schweinshaxen, Sauerkraut und Speckbratkartoffeln. »Ach, was sieht die Sülze ävver joht us!« »Se sind nit vun Kölle?« Nein, sind wir nicht. Und wir haben auch noch nicht die Vokabeln Halve Hahn, Himmel un Ääd, Kölsche Kaviar met Musik, Mostert und was sonst alles noch auf einer Brauhaus-Speisekarte steht, auswendig gelernt. Aber: Wir haben uns in der Hohen Straße (abgeleitet vom Namen des römischen Südtores, Porta alta = Hohe Pforte) umgesehen. Historisch ambitionierte Metropolenkundler vergleichen sie gern mit dem Corso Umberto in Rom, der Calverstraat in Amsterdem und dem Strand in London. Das ist doch ewig her. Noch weiter reicht zurück, als »Mossjö Biedermeier« in flaschengrünem Frack, gelben Nankinghosen und einem weißen Zylinder auf dem frisierten Haupt durch die Hohe Straße stolzierte – nachgestellt von dem Wahl-Kölner und Herausgeber mehrerer Köln-Anthologien Johann Jakob Häßlin:

[…] die Hohe Straße ist auch eine Kölnisch-Wasser-Straße: Nr. 92 wohnt Carl Anton Zanoli »in kölnischem Wasser wie auch in allen wohlriechenden Wässern, Pomade, Liqueurs usw.«, schräg gegenüber, im Rokokohaus des Bürgermeisters von Wymar, duftet die Firma Johann Maria Farina zur Stadt Turin, ihr antworten rechts, Nr. 132, die Düfte der Firma

Johann Maria Farina & Tossetti, und links, Nr. 129, die der Firma Johann Anton Farina zur Stadt Mailand, über die Herr Peter Leven gebietet, der eine ganz prachtvolle Kunstsammlung hat [...].
Doch wir nähern uns jetzt dem Reich der Schwarzen Kunst, den Buchhändlern und Verlegern: in der Hohen Straße Nr. 134 ist der Laden von Baedeker, dem Bruder jenes Karl Baedeker in Koblenz, der die praktischen Reiseführer macht, ein paar Häuser weiter, Nr. 148, ist die Buchhandlung von J. & W. Boisserée, Verwandten des feinzüngigen Sulpiz, und gleich gegenüber haben wir die Arbeitsstätte des Literaten Levin Schücking, Nr. 133, im Haus zur goldenen Waage, da ist die Buchhandlung und der Zeitungsverlag der DuMonts.

Ramsch kreischt in rauhen Mengen aus den meisten Geschäften der ehemaligen »Rue Haute«, seit die Ladenmieten in der bundesweit ersten Fußgängerzone für den Einzelhandel unerschwinglich wurden. Diese mörderische Verdrängungspolitik begann in den Jahren des APO-Protests. Peter Faecke gehörte damals jener Kölner Autoren-Gruppe an, die die Schlagworte Kapitalismus/Konsumterror/Profit zum Anlaß ihrer kritischen Texte nahm:

Mit einer abnorm hohen Strömungsgeschwindigkeit treibst du, nicht geleitet von Bunen und Schleusen und dergleichen Tricks der Binnenschiffahrt mehr, durch etwas hindurch, das ebenso in München oder Hamburg, in Wuppertal, Remscheid, Aschaffenburg, Uelzen oder Iserlohn sein könnte: hier wie dort das gleiche Angebot, dieselben Firmenketten, die das Flußbett ausgebaggert haben und dir Krebssorten bieten, die du nicht brauchst. [...] wo nichts mehr wächst, sorgt ein Toupé für Haare, und die städtischen Gärtner sind getrimmt auf Listen noch und noch, alles für dich, für dich allein, damit du über zwei Blumenkübeln an die Übersichtlichkeit von Landschaften mit Bauernhäusern denkst und dabei vergißt, wie dir hier ständig ins Maul geschissen wird.

Quelle: *Notizbuch. Neun Autoren – Wohnsitz Köln*; Erscheinungsjahr: 1972. Die Sätze, Verse, Tagebucheintragen gehen unter die Haut, verwandeln sich im Kopf zu aufstörenden Video-Clips, kratzen an seelischen Narben. »Wer liebt denn Köln?« fragt Heiko Deters. »Zuviele kommen gar nicht erst oder gehen sofort. Andere leben im Landkreis und lieben ihre Postleitzahl.« Erstaunlich zäh hielt sich dieser garstige Zungenschlag. Noch in den drei von Jochen Arlt herausgegebenen Kölner Lesebüchern *Eine Hand wäscht die andere* (1987), *Links vom Dom, rechts vom Dom* (1988), *Stadt im Bauch* (1989) ist die Wut nicht verstummt. Allerdings hört sie sich abgeklärter an, dadurch aber auch zynischer.

Vor dem KölnTourismus Office stehen die Busse für die Stadtrundfahrten. Die Damen, die die Tickets verkaufen, bringen sich mit Auskünften nicht gerade um. Wahrscheinlich stellen die Fremden immer dieselben Fragen. »Köln ist klein, die meisten Sehenswürdigkeiten können Sie zu Fuß erreichen«, redet die Stadtführerin den Busgästen zu: Rathaus, Mikwe, St. Alban, Gürzenich, Heumarkt, Groß St. Martin, das Fischstapelhaus, St. Maria im Kapitol, Neumarkt, das Schokoladenmuseum... schließlich und noch lange nicht zuletzt das ehemalige Zeughaus mit dem Kölnischen Stadtmuseum, auf dessen Turm seit 1991 das goldene Flügelauto des Aktionskünstlers HA Schult siegesfroh glänzt, obwohl der Rechtsstreit um dieses Kuriosum noch immer nicht zu den Akten gelegt worden ist. »Unsere Brücken aber können Sie natürlich nur auf unserer Rundfahrt sehen!« Erleichterung in den Reihen. In seiner (leider vergriffenen) Essaysammlung *Pan und die Engel. Ansichten von Köln* (1990) hat Dieter Wellershoff alle »Schmuckspangen« über den Rhein charakterisiert: angefangen von den zwei »traditionellen Bogenbrücken«, der Hohenzollern- und der Südbrücke, über die wie »Lianenbrücken des tropischen Urwaldes« wirkende Rodenkirchener und Mühlheimer Brücke, die beide Hängebrücken sind, bis hin zur Deutzer Brücke und Zoobrücke, bei denen man an »klassische Balken- oder Steinbrücken« denkt. Und die Severingsbrücke? Sie sei »geschaffen aus Berechnung und Gefühl«, steht bei Paul Schallück (ehemals Chefredakteur der deutsch-französischen Zeitschrift »Dokumente« und zusammen mit Heinrich Böll Begründer der »Germania Judaica«) zu lesen:

> [...] sie fließt, sie gleitet, sie klingt von Ufer zu Ufer. Die spontane Vergegenwärtigung und Verwirklichung einer neuen Formidee: ein asymmetrisches Gebilde, das sich mit Mut und angemessener Bescheidenheit in der Silhouette der Stadt als Kontrapunkt neben die himmelweisenden Türme des Doms gesetzt hat, die selbständig, eigenwillig und anmutig geführte Stimme in der architektonischen Melodie Kölns. Der Pylon, der eigentliche Kontrapunkt, faßt die starken Zügel, an denen die Brücke aufgehängt ist, in einem Punkte zusammen. In diesem Punkte ist das stolze Bestreben veranschaulicht, Mittel und Zweck zu vollkommenem Einklang zu verschmelzen.

In die Südstadt, nach Nippes, Ehrenfeld, Klettenberg, Sülz, ins Agnesviertel, ins Belgische Viertel, ins »Kwartier Latäng« – bis in diese Kölner Viertel (»Veedel«) dringt kaum ein Erstbesucher vor. Schade. Doch vielleicht auch gut. Denn unverfälscht erlebt man hier Kölsche Lebensart und bekommt eine Ahnung davon, was Heinrich Böll gemeint haben mag, als er über sein Verhältnis zum Rhein, *Undines gewaltigen Vater,* sprach:

Der Weintrinkerrhein hört ungefähr bei Bonn auf, geht dann durch eine Art Quarantäne, die bis Köln reicht; hier fängt der Schnapstrinkerrhein an; das mag für viele bedeuten, daß der Rhein hier aufhört. Mein Rhein fängt hier an, er wechselt in Gelassenheit und Schwermut über, ohne das, was er oben gelernt und gesehen hat, zu vergessen, immer ernster wird er auf seine Mündung zu, bis er in der Nordsee stirbt, seine Wasser sich mit denen des großen Ozeans mischen; der Rhein der lieblichen mittelrheinischen Madonnen fließt auf Rembrandt zu und verliertsich in den Nebeln der Nordsee.

→ Dank

Danken möchte ich zunächst allen, die mir bei meinen Recherchen eher zufällig begegnet waren und unschätzbare Anregungen gaben: Winzer und Kellermeister, Frauen bei der Arbeit an den Weinstöcken, Antiquare, ein Kapitän vom alten Schaufelraddampfer »Goethe«, Rheinfischer, Domänenverwalter und viele, viele andere.

Bernhard Breuer aus Rüdesheim stellte mir wertvolle Archivmaterialien zur Verfügung und ließ mich an erlesenen Weinproben und Weinbergswanderungen teilnehmen; H. B. Ullrich von der »Krone« in Assmannshausen ermöglichte mir, in den historischen Gästebüchern zu blättern. Die Eltviller Stadtführerinnen Ernestine Pietrzak und Helga Simon liehen mir aus ihrem Privatbesitz längst vergriffene Rheinbücher aus; Gerhard Mantz, Dipl. Ing. im Ruhestand und ehrenamtlicher »Flußlaufspezialist« im Koblenzer Rheinmuseum, stand immer zu fachlichen Gesprächen bereit. Der Künstler Jan Leven, der sich mit Installationen in Rheingauer Gewölben einen Namen gemacht hat, zeigte mir seine rheinische Heimat um Bonn und Königswinter herum; den Rhein der frühen fünfziger Jahre besuchte ich auf mehreren, höchst vergnüglichen Touren mit meiner Mutter, Clara von Soden – im Kopf die Fotoalben von damals, als sie mit meinem Vater von Hamburg aus mit dem Auto über Köln bis nach Mainz gereist war.

Mit herzlicher Anteilnahme begleiteten mich über zwei Jahre Brita Zimmermann, Hildegard Stöhr, Ruth Ruster und Annette Schmelz von der Hessischen Landesbibliothek in Wiesbaden; Silvia Herb aus der Deutschen Bibliothek in Frankfurt half kompetent und zügig bei der Titelsuche im digitalen Katalog.

→ Literaturverzeichnis und Quellennachweis

Autorin und Verlag haben sich bemüht, die zuständigen Lizenzgeber ausfindig zu machen. Dies ist nicht in allen Fällen gelungen. Sofern noch nicht abgegoltene Ansprüche bestehen, werden die entsprechenden Lizenzgeber gebeten, sich mit dem Verlag in Verbindung zu setzen.

Adolf II. von Nassau: Urkunde über die Ernennung Gutenbergs zum Hofmann durch Kurfürst Adolf II. von Nassau vom 17. Januar 1465

Andres, Stefan: *Weinpilgerbuch.* © Piper Verlag GmbH, München 1976

Apollinaire, Guillaume: *»Ich saß am grünen Strand...«* In: Hübner, Paul. *Der Rhein. Von den Quellen bis zu den Mündungen.* Frankfurt am Main, 1974

Arnim, Bettina von: In: Seufert, Karl Rolf. *... ist ein feins Ländlein. Eine Kulturgeschichte des Rheingaus von den Anfängen bis zur Gegenwart.* Oestrich-Winkel 1983

Arnim, Bettina von: *Briefe.* In: *Goethes Briefwechsel mit einem Kinde. Seinem Denkmal.* Leipzig o.J.

Aubertin, Victor: *Die Loreley mit dem Bizeps.* Aus: *Ein Glas mit Goldfischen.* In: *Pfauenfedern.* Werkausgabe in Einzelbänden, herausgegeben von Peter Moses-Krause; erster Band. © Verlag das Arsenal, Berlin 1994

Ausländer, Rose: *Lorelei.* In: *Südlich wartet ein wärmeres Land.* © Pfaffenweiler Presse, Pfaffenweiler 1982

Bär, Pater Hermann: *Diplomatische Geschichte der Abtei Eberbach.* In: *Eberbach im Rheingau. Zisterzienser, Kultur, Wein.* Wiesbaden 1987

Becker, Jürgen/ Stankowski, Martin: *Biotop für Bekloppte.* © Verlag Kiepenheuer & Witsch, Köln 1995

Becker, Jürgen: *Felder Ränder Umgebungen.* © Suhrkamp Verlag, Frankfurt am Main 1983

Bergengruen, Werner: *Deutsche Reise.* 1934, vergr. © Dr. Luise Hackelsberger, Ebenhausen bei München

Berkéwitz, Ulla: *Lore Lure Lay. Eine Theatergeschichte.* © Suhrkamp Verlag, Frankfurt am Main 1987

Biehn, Heinz: *Der Rheingau. Lustgarten der Natur.* © Hermann Emig, Amorbach 1970

Böll, Heinrich: *Frauen vor Flußlandschaft.* © Verlag Kiepenheuer & Witsch, Köln 1985

Böll, Heinrich: *Undines gewaltiger Vater. Erzählungen.* © Verlag Kiepenheuer & Witsch, Köln 1994

Bondy, François: *Karussell von Einbahnstraßen.* In: Die Weltwoche - Zürich, Juni 1955

Breitbach, Joseph: *Feuilletons zu Literatur und Politik.* Neske, 1978 © Wolfgang Mettmann

Brentano, Antonia: In: Storek, Wilhelm. *Das Brentanohaus in Winkel.* Neuwied/Rhein 1985

Brentano, Clemens: *Godwi oder Das steinerne Bild der Mutter. Ein verwilderter Roman.* Berlin, o. J.

Brentano, Clemens: *Rheinmärchen.* Frankfurt/Main 1985

Byron, Lord Noel: *Childe Harolds Pilgerfahrt.* In: *Rheinreise. Gedichte und Lieder.* Eine Textsammlung. Stuttgart 1986

Carus, Carl Gustav: *Rheinstein* In: Häßlin, Johann Jakob (Hrsg): *Rheinfahrt. Von Mainz zum Niederrhein...* München 1963

Carus, Gustav: *Ruine Schönburg.* In: *Paris und die Rheingegenden. Tagebuch einer Reise im Jahre 1835.* Leipzig 1836

Crowne, William: *Das Tagebuch.* In: *Wenzel Hollar, 1607-1677. Reisebilder vom Rhein.* Landesmuseum Mainz 1987

Delius, Friedrich Christian: *Geschichte vom Rheinfisch.* In: *Die unsichtbaren Blitze. Gedichte.* Berlin 1981. © Christian Friedrich Delius
Dostojewski, Fjodor M.: *Der Spieler.* Wiesbaden 1958
Droste-Hülshoff, Annette von: *An die Mutter. Köln, 18. Okt. 1825.* In: *Die Briefe der Annette von Droste-Hülshoff.* Jena 1944
Eich, Günter: *Blick nach Remagen.* In: *Gesammelte Werke, Bd. 1 – Die Gedichte.* © Suhrkamp Verlag, Frankfurt am Main 1973
Erlanger, Jean: *Die Loreley.* In: *Zeitschrift des allgemeinen deutschen Spruchvereins, 3.* Braunschweig 1888
Faecke, Peter: *Zum Beispiel Köln: Hohe Straße.* In: *Notizbuch. 9 Autoren – Wohnsitz Köln.* © Verlag Kiepenheuer & Witsch, Köln 1972
Forster, Georg: *Briefe und Tagebücher Georg Forsters. Von seiner Reise am Niederrhein, in England und Frankreich. Im Frühjahr 1790.* Halle a. S. 1893
Forster, Georg: *Georg Forster's sämmtliche Schriften.* Leipzig 1843
Freiligrath, Ferdinand: *Ein Glaubensbekenntnis.* Berlin-Leipzig-Wien-Stuttgart 1909
Fried, Erich: *Winterreise.* In: *Gesammelte Werke.* © Verlag Klaus Wagenbach GmbH, Berlin 1993
George, Stefan: *Tage und Taten. Aufzeichnungen und Skizzen.* In: *Sämtliche Werke in 18 Bänden, Bd. 17.* Stuttgart, 1998
Glücklich, J. Christian: *Die Gäste des grünen Tisches.* In: *Die Geheimnisse des Grünen Tisches alias Spielhöllen.* Wiesbaden 1905
Goethe, Johann Wolfgang von: *Autobiographisches III. Schweizer Reisen.* In: *Goethe.* Wiesbaden, o. J.
Goethe, Johann Wolfgang von: *Wasserfülle...* In: Storek, Wilhelm. *Das Brentanohaus in Winkel.* Neuwied/Rhein 1985
Goethe, Johann Wolfgang von: *West-östlicher Divan. Gesamtausgabe* Frankfurt/Main u. Leipzig 1951

Gundrum, Hans: *Määnzer Deitsch.* In: Susanne Faschon u.a. (Hrsg.): *Literatur aus Rheinland-Pfalz. Anthologie III – Mundart.* Mit freundlicher Genehmigung des Verlages H. Schmidt GmbH, Mainz 1986

Günzel, Klaus: *Schatz und Heiligtum der Familie – Franz und Antonia Brentano.* In: *Die Brentanos. Eine deutsche Familiengeschichte.* Zürich 1993. © Klaus Günzel

Harig, Ludwig: *Mainzer Moskitos. Tagebuch des Stadtschreibers.* © Pfälzische Verlagsanstalt, Landau 1989

Häßlin, Johann Jakob: *Die Hohe Straße.* In: MERIAN – *Köln.* Hamburg 1960

Hausenstein, Wilhelm: *Drinnen und Draussen.* Verlag Knorr & Hirth, München 1930. © Renée-Marie Parry Hausenstein und Kenneth Croose Parry, Gainesville, Florida.

Heine, Heinrich: *Der Rabbi von Bacherach.* Ein Fragment. Frankfurt am Main, 1985.

Hildegard von Bingen: *Naturkunde.* Salzburg 1959

Hoffmann von Fallersleben, August Heinrich: *Bonn.* In: *Heine-Jahrbuch 1986.* Hamburg 1986

Hübner, Paul: *Der Rhein. Von den Quellen bis zu den Mündungen.* © Societäts-Verlag, Frankfurt am Main, 1974

Hugo, Victor: *Rheinreise.* Frankfurt am Main, 1982.

Hüsch, Hanns Dieter: *Gedankengänge eines fahrenden Poeten.* In: *Du kommst auch drin vor.* © Kindler Verlag, München 1990

Kahm, Philipp: *Schloß Vollrads im Rheingau.* In: *Deutsche Bauzeitung.* XLIII. Jahrgang. Nr. 47. Berlin, den 12. Juni 1909

Kästner, Erich: *Der Handstand auf der Loreley. Nach einer wahren Begebenheit.* In: *Gesang zwischen den Stühlen.* © Atrium Verlag, Zürich und Thomas Kästner 1985

Kiaulehn, Walther: *Rüdesheimer Fragmente.* Rüdesheim a. Rh. 1949. © Susanne Borcherdt, Wolfratshausen

Koeppen, Wolfgang: *Das Treibhaus.* © Suhrkamp Verlag, Frankfurt am Main 1972
Königswinter, Wolfgang Müller von: *Sommertage im Siebengebirge.* Kreuznach 1867
Kopisch, August: *Blücher am Rhein.* Ditzingen 1986
Korn, Karl: *Wiesbaden, eine Heimkehr.* In: *Über Land und Meer.* Journal aus drei Jahrzehnten. © Societäts-Verlag, Frankfurt/Main 1977
Korn, Karl: *Die Rheingauer Jahre.* In: *Über Land und Meer.* Journal aus drei Jahrzehnten. © Societäts-Verlag, Frankfurt/Main 1977
Krämer-Badoni, Rudolf: *Das Domgebirge.* In: MERIAN - *Mainz.* Hamburg 1962. © Thomas Krämer-Badoni
Krechel, Ursula: *Mauerschau.* In: *Verwundbar wie in besten Zeiten.* Luchterhand Verlag, Darmstadt/Neuwied 1979. © Ursula Krechel
Kunert, Günter: *Abends im Gutenberg-Museum.* In: S. Gauch u. J. Kross (Hrsg.): *Vom Verschwinden der Gegenwart. Mainzer Anthologie.* Frankfurt am Main 1992. © Günter Kunert
Lang, Joseph Gregor: *Reise auf dem Rhein. Von Mainz bis zum Siebengebirge.* Köln, 1975
Langgässer, Elisabeth: In: Johann Jakob Häßlin (Hrsg.): *Köln. Die Stadt und ihre Bürger.* © J.P. Bachem Verlag GmbH, Köln 1996
Leitzmann, Albert: *Briefe und Tagebücher Georg Forsters. Von seiner Reise am Niederrhein, in England und Frankreich. Im Frühjahr 1790.* Max Niemeyer, Halle a. S. 1893
Linder, Christian: *Seufzend fließt der Rhein vorüber.* In: Frankfurter Allgemeine Zeitung 6.3.1997. © Christian Linder
Mann, Thomas: *Bekenntnisse des Hochstaplers Felix Krull. Buch der Kindheit.* © S. Fischer Verlag GmbH, Frankfurt am Main 1954
Metternich, Tatiana: *Fahrt ins angenehme Rheingau.* © Universitas Verlag in der F.A. Herbig Verlagsbuchhandlung GmbH, München 1997

Morgenstern, Christian: *Der Salm.* In: *Rheinreise. Gedichte und Lieder,* Stuttgart 1986

Müller-Königswinter, Wolfgang: *Sommertage im Siebengebirge.* Kreuznach 1867

Nebel, Gerhard: *Bedrohtes Flußtal. Die Mosel wird nicht mehr die Mosel sein.* In: Frankfurter Allgemeine Zeitung 22.9.56. © Martin Nebel

Pagés, Helene: *Die Karmelitenkirche.* In: Kämpchen, Paul: *Helene Pagés. Zur Erinnerung an die Jugend- und Heimatschriftstellerin.* Boppard/Rhein o.J.

Paquet, Alfons: *Die Botschaft des Rheins.* Ratingen 1941. © Sebastian Paquet

Penck, Albrecht: *Besinnliche Rheinreise.* Bielefeld u. Leipzig 1936

Poser, Michael von: *Ein Sommernachtstraum.* In: *Merian - Wiesbaden, Rheingau.* 4. April 1987. © Michael von Poser/ MERIAN/ Jahreszeitenverlag, Hamburg 1987

Radcliff, Ann: *Journey, made in the summer of 1794 through Holland and the Western frontier of Germany with a return down the Rhine.* In: Gassen/Holeczek (Hrsg.): *Mythos Rhein.* Ludwigshafen am Rhein 1992

Reichert, Heinrich: *Heiterer Rheingau.* Mainz 1959

Ringelnatz, Joachim: *Rheinkähne.* In: *Joachim Ringelnatz. Das Gesamtwerk in sieben Bänden. Bd. 1. Gedichte.* © Diogenes Verlag AG, Zürich 1994

Rubinstein, Hilde: *Im Dom.* In: H. Gröhler u.a (Hrsg.): *Beispielsweise Köln. Ein Lesebuch.* Göttingen 1980. © Anna Barbara Öberg-Sjögren

Rühmkorf, Peter: *Ich reise mit Gedichten umher...* In: *Haltbar bis Ende 1999. Gedichte.* Reinbek 1979. © Peter Rühmkorf

Schallück, Paul: *Köln liegt am Rhein.* In: MERIAN – *Köln.* Hamburg 1960. © Mechthild Schwienhorst

Schmidtbonn, Wilhelm: *Eisgang*. In: *Das Rheinbuch. Eine Festgabe rheinischer Dichter.* Mit freundlicher Genehmigung der Deutschen Verlags-Anstalt, Stuttgart 1925
Schöne, Lothar: *Der Mensch ist irre.* In: Lothar Schöne (Hrsg.): *Mainz laut und leise – 18 Autoren hören eine Stadt.* © Lothar Schöne, 1985
Schopenhauer, Johanna: *Ausflucht an den Rhein und dessen nächste Umgebungen.* Leipzig, 1831
Seghers, Anna: *Das siebte Kreuz.* © Aufbau-Verlag GmbH, Berlin 1946
Seufert, Karl Rolf: *Goethezeit und Rheinromantik.* In: *... ist ein feins Ländlein. Eine Kulturgeschichte des Rheingaus von den Anfängen bis zur Gegenwart.* Oestrich-Winkel 1983
Shelly, Mary W.: *Frankenstein oder Der neue Prometheus.* Aus dem Englischen von Friedrich Polakovics. © Carl Hanser Verlag, München-Wien 1993
Simrock, Karl: *St. Goar.* In: *Die Loreley. Gedichte, Prosa, Bilder.* Ein Lesebuch von Wolfgang Minaty. Frankfurt/Main 1988
Simrock, Karl: *Das malerische und romantische Rheinland.* Leipzig 1838
Sturm, Vilma: *Unterwegs am Rhein, an der Mosel und anderswo.* © Verlag Josef Knecht, Frankfurt am Main 1961
Turgenew, Iwan: *Frühlingswogen.* In: *Frühlingswogen und Das Lied der triumphierenden Liebe.* Berlin 1909
Ulrich, Key L.: *Warum ist es am Rhein so schön?* In: Frankfurter Allgemeine Zeitung 19.09.1959
Vogt, Niklas: *Ansichten des Rheins.* Frankfurt am Main, 1806
Weidmann, Wilma: *Auf dem Leinpfad.* In: *Ein gar anmutig Land. Impressionen aus dem Rheingau.* Wiesbaden 1994. © Wilma Weidmann
Wellershoff, Dieter: *Pan und die Engel.* © Verlag Kiepenheuer & Witsch, Köln 1990

Witte, Hedwig: *Rheingauer Auslese.* © Waldemar Kramer GmbH, Frankfurt am Main 1991
Wolf, Christa: *Kein Ort. Nirgends.* © Luchterhand Literaturverlag GmbH, Hamburg 1994
Zuckmayer, Carl: *Mainz, versunkene Stadt.* In: *Atlas, zusammengestellt von deutschen Autoren.* © Verlag Klaus Wagenbach GmbH, Berlin 1979

Bildnachweis

Albert Renger Patzsch: *Eltviller Aue bei Heidefahrt* © Albert Renger Patzsch Archiv/ Ann und Jürgen Wilde/ VG Bild-Kunst, Bonn 2000: S. 40
Hans Hembus, Kronberg im Taunus: S. 48
Wolfgang Sander, Aachen: S. 60
Kristine von Soden: S. 78
Joseph Jeiter, Morschenich: S. 100
Jaschi Klein, Hamburg: S. 106
Deutsches Plakatmuseum, Essen © Friedel Deventer: S. 118
August Sander: *Der Mittelrhein – Das Siebengebirge* © Photograph. Samml./SK Stiftung Kultur-A. Sander-Archiv, Köln/VG Bild-Kunst, Bonn 2000: S. 124
Robert Häusser, Mannheim: S. 130
Rudolf Schuler © Brausdruck GmbH, Heidelberg: S. 158
Michael Jeiter, Morschenich: S. 166
Hermann Weisweiler, Aachen: S. 182

Klett-Cotta
© J. G. Cotta'sche Buchhandlung Nachfolger GmbH, gegr. 1659,
Stuttgart 2000
Alle Rechte vorbehalten.
Fotomechanische Wiedergabe nur mit Genehmigung des Verlags
Printed in Germany
Karten: Rudolf Hungreder, Leinfelden
Gestaltung: Finken & Bumiller, Stuttgart
Abbildungen auf dem Umschlag:
Oben: Blick auf Köln © Zefa, Düsseldorf
Unten: Rhein bei Bacharach © Hans Peter Merten, Stone, München
Alle Rechte vorbehalten
Gesetzt aus der 10 Punkt Scala
Auf säure- und holzfreiem Werkdruckpapier
gedruckt und gebunden von Gutmann & Co., Talheim
ISBN 3-608-91868-X

Hartmut Binder:
Prag
Literarische Spaziergänge durch die Goldene Stadt

318 Seiten, Pappband,
20 Abbildungen, eine Karte, Lesebändchen
ISBN 3-608-93408-1

»Der Kafka-Spezialist Binder hat sein Füllhorn nicht nur ausgeschüttet, sondern den Inhalt auch zweckmäßig sortiert. Ein Stadtführer für Haupt- und Nebenwege im wörtlichen Sinn, für bisher Unkundige und für Kenner.«
Neue Zürcher Zeitung

Jutta Stössinger:
Badeleben
Literarischer Reisebegleiter von Wismar bis Danzig

176 Seiten, Pappband, zahlreiche Illustrationen, eine Karte, Lesebändchen
ISBN 3-608-91776-4

»Jutta Stössinger reist mit offenen Augen und schreibt mit viel Hintergrundwissen. Hinter dem Titel verbirgt sich ein literarisches Kleinod. Die zitierten Texte sind so einfühlsam in die Reisebeschreibungen verpackt, daß die Ahaerlebnisse des Lesers kein Ende nehmen. Ob eigene Randnotizen oder Zuckmayers Erinnerungen an Gerhart Hauptmann – eines fügt sich harmonisch ins andere, bis schließlich alles so lebendig vor uns ist, als wären wir dabeigewesen.«
Frankfurter Rundschau

Klett-Cotta

Peter Peter:

Sizilien

Literarische Erkundungen
im Land, wo der Teufel sein Weib nahm

220 Seiten, Pappband,
zahlreiche Illustrationen, eine Karte, Lesebändchen
ISBN 3-608-91772-1

»Hier hat sich jemand wirklich bemüht, diese widersprüchliche und widerspenstige Insel zu erklären und – im zweifachen Wortsinn – erfahrbar zu machen.«
Falter Wien

Doris und Dieter Schiller:

Bodensee

Literarische Erkundungen rund um das Schwäbische Meer

198 Seiten, Pappband,
zahlreiche Illustrationen, eine Karte, Lesebändchen
ISBN 3-608-93393-X

»Ein hübsches Reise-Lese-Buch ist aus den unterschiedlichen Texten entstanden. Mit seinen zurückhaltenden Kommentaren, in denen manch reizvoller Spaziergang empfohlen wird, überläßt es den Leser beinahe ganz den Eindrücken der Literaten, die an den Bodensee gereist sind, dort gelebt haben oder noch leben.«
DIE ZEIT

Klett-Cotta

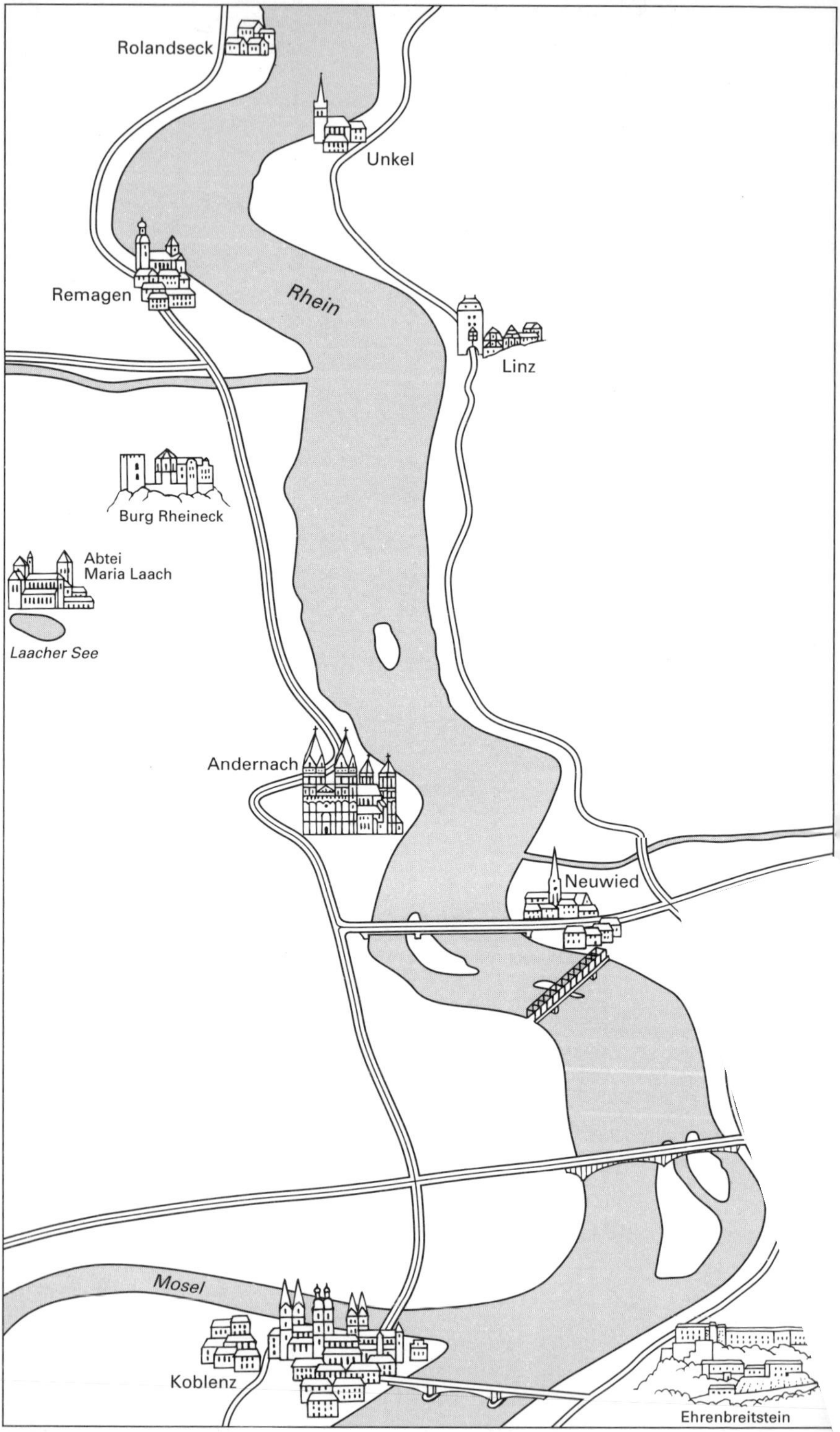
Rolandseck
Unkel
Remagen
Rhein
Linz
Burg Rheineck
Abtei
Maria Laach
Laacher See
Andernach
Neuwied
Mosel
Koblenz
Ehrenbreitstein